Elisabeth S
Weiter

Elisabeth Schwachulla

Weiter wachsen

Der natürliche Weg zur Lebenslust

Bibliografische Information der Deutschen Nationalbibliothek: Die Deutsche Nationalbibliothek verzeichnet diese Publikation in der Deutschen Nationalbibliografie; detaillierte bibliografische Daten sind im Internet über dnb.dnb.de abrufbar.

Cover: Hannah Kivran and Freepik

© 2024 Elisabeth Schwachulla

Verlag:
BoD · Books on Demand GmbH,
In de Tarpen 42, 22848 Norderstedt
Druck:
Libri Plureos GmbH,
Friedensallee 273, 22763 Hamburg

ISBN: 978-3-7597-7617-4

Für alle, die denken:
„Das müsste doch anders gehen."

WEITER WACHSEN

Der natürliche Weg zur Lebenslust

EINFÜHRUNGSTEIL

Vorwort S.11
Wie ein großer Denkfehler uns das Leben erschwert

Warum bist du hier? S.15
Wieso ausgerechnet ich dir helfen will
und welche grundlegenden Prinzipien dich auf deinem Weg
unterstützen

Wo willst du hin? S.19
Wieso es immer weiter geht und wie das aussieht

Was erwartet dich hier? S.21
Wie das Buch aufgebaut ist und wie du dich am besten auf die
Lektüre vorbereitest

Und los geht's! S.27
Ein paar Gedanken zu Ressourcen und ein erster
Überblick über die verschiedenen Lebensbereiche

HAUPTTEIL

DAS HAUS
PRIORITÄTEN UND PRAKTISCHES

Routine S.35
Regelmäßiges schöner gestalten
Wie du alltägliche Strukturen deinen Bedürfnissen anpassen
und wertschätzen kannst

Ausmisten S.39
Raum schaffen für Neues
Wie du Kompensationsmechanismen erkennen und durch Konstruktives ersetzen kannst

Renovieren und Baustellen S.44
Grundlegende Änderungen vornehmen
Wie du große Entscheidungen treffen und motiviert umsetzen kannst

Beziehungskisten S.50
Verhältnisse reflektieren und wandeln
Wie du Verzeihen und deine Beziehungen verbessern kannst

DER GARTEN
GEDANKEN UND GEFÜHLE

Unkraut S.56
Nutzloses von Nützlichem unterscheiden und ausmerzen
Wie du Sorgen und negative Gedanken in den Griff bekommen kannst

Nutzpflanzen S.62
Pläne, Ideen und Projekte
Wie du deine Vorstellungen ertragreich umsetzen kannst

Wetter S.65
Gefühle und Stimmungen
Wie du dein Innenleben wertschätzen und bewältigen kannst

Wurzeln S.72
Ungelöstes, das betrachtet werden will
Wie du tiefe Verletzungen erkennen und beherrschen kannst

DAS SELBST
PERSÖNLICHKEIT UND POTENTIAL

Selbsterkenntnis S.82
Außerhalb fremder Maßstäbe denken
und verstehen, wer du bist
Wie du deine Persönlichkeit erkennen und wertfrei betrachten kannst

Selbstwert S.88
Verantwortung übernehmen
und wieso das deinen Wert nicht mindert
Wie du mit deiner Vergangenheit Frieden schließen und aus Teufelskreisen ausbrechen kannst

Selbstentwicklung S.94
Wieso du dich als Projekt betrachten solltest
und wie du an dir arbeiten darfst
Wie du dein Potential bestimmen, wertschätzen und entfalten kannst

Selbstfürsorge S.102
Einen liebevollen Umgang mit dir selbst erlernen
Wie du dich selbst als liebenswert ansehen und ebenso behandeln kannst

TIPPS, TRICKS, GRUNSÄTZLICHES UND KLEINE ÜBUNGEN S.106
Wie du dir Entscheidungen erleichtern, dich selbst beobachten und über dich hinaus wachsen kannst

SCHLUSSTEIL

Fazit S.110
Was es heißt, mit dem Schmerz zu leben

Vorwort

Viel zu viele Menschen sind unglücklich, obwohl sie es nicht sein müssten und unfähig, sich selbst liebend anzunehmen. Sie erschweren sich das Leben, ohne es zu merken – beeinflusst von ihrem Umfeld. Die Welt, in der wir leben, zwingt uns zu falschen Betrachtungs- und Herangehensweisen, obwohl die Wahrheit direkt vor uns liegt. Wir haben lediglich verlernt, sie zu sehen und in ihr den Schlüssel zu Glück und innerem Frieden zu erkennen.

Der Mensch ist ein natürliches Wesen. Ist wie alles Natürliche einzigartig, wandelbar und äußeren Einflüssen unterworfen. Welche Ratgeber ich auch las, auf welche inspirierenden Ansätze ich auch stieß, welche Therapieformen ich auch betrachtete: Diese alles verändernde Wahrheit fand ich nicht. Dabei bildet sie doch für mich persönlich den Weg zu allem Guten. Durch diese Erkenntnis konnte ich lernen, meine Lebensgestaltung in Angriff zu nehmen, mein Potential zu entfalten und mich selbst zu lieben – mich dabei jedoch frei zu fühlen, auch von Druck und Bereuen.

Ich muss klarstellen, dass ich einst das Gegenteil von all jenem verkörperte. Mich selbst verachtete, mein Leben als wertlos empfand und beenden wollte. Dies sind nicht die Erkenntnisse einer glücklichen Person, sondern eines Menschen, der sich in jeglicher Hinsicht ganz unten befand. Ich war verzweifelt, todunglücklich und verloren. Alles, was du in diesem Buch finden wirst, sind die Blickwinkel, Gedankenspiele und Herangehensweisen, welche mir das Leben gerettet und mich zu einem glücklichen

Menschen gemacht haben. Ich hoffe, dass sie auch dir dabei helfen können, etwas Schlechtes besser zu machen und neuen Mut zu schöpfen.

Wie bereits angedeutet, basiert alles darauf, eine Verbindung zur Natur zu ziehen. Während der Mensch eindeutig ein organisches Lebewesen ist, messen wir ihn und seine Eigenheiten doch an einem anderen Maßstab, als beispielsweise Pflanzen und Tiere. Trägt meine Pflanze keine Früchte, ist vermutlich meine Pflege schuld, ihre Platzierung oder ihre Erde. Trägt meine Arbeit keine Früchte, suche ich die Schuld lediglich bei mir – nicht bei meinem Umfeld oder sonstigen äußeren Einflüssen. Verliert ein Baum im Herbst seine Blätter, ist mir bewusst, dass es sich dabei um einen natürlichen und notwendigen Vorgang handelt, dass ihm neue wachsen werden und sein Wert auch kahl nicht gemindert ist. Verliere ich meine Haare, meine täglichen Schlachten oder Fähigkeiten, die mir sonst zur Verfügung standen, neige ich dazu, diese Veränderung als falsch und dauerhaft anzusehen sowie aufgrund dessen meinen gesamten Wert in Frage zu stellen.

Betrachten wir die Natur, sehen wir Individualität und würden nie erwarten, dass sich Kletterpflanzen ohne geeignete Strukturen aufrichten. In Bezug auf Menschen vergessen wir jedoch manchmal, dass alle unterschiedlich beschaffen sind, verschiedene Fähigkeiten und Bedürfnisse haben, dass sie vielleicht Unterstützung bräuchten, die ihnen nicht zur Verfügung steht, oder an einem sonnigeren Platz, in einem anderen Umfeld besser gedeihen würden.

Ich zähle sowohl Rassismus, Sexismus, Ableismus und Klassismus zu den Phänomenen, welche bewirken, dass die nötigen Strukturen nicht jedem Menschen gleichermaßen zur Verfügung stehen – erachte jedoch auch die Vorstellung, physischen Krankheiten sei mehr Relevanz beizumessen als psychischen Erkrankungen, als eine für die Natur des Menschen völlig ungeeignete. So lernen wir viel zu früh, unsere mentalen und emotionalen Bedürfnisse zu unterdrücken und entwickeln chronische Krankheiten, welche Beschwerden in diesen Bereichen in den sozial adäquaten physischen Bereich verlagern. So entwickeln wir Süchte und andere ungesunde Verhaltensweisen, um verdrängen und funktionieren zu können. So vergessen wir, dass der Sinn des Lebens nicht darin bestehen kann, Ansprüchen gerecht zu werden, welche in einem solchen Widerspruch zu unserer Beschaffenheit stehen. Während wir bei Tieren auf eine artgerechte, natürliche Haltung achten und synthetische Gegenstände vor den Einflüssen der Natur schützen, haben wir den Umgang mit unserer eigenen Art verlernt. Wir wissen, welches Streu in einen Meerschweinchen-Käfig gehört und welcher Bodenbelag unserem Auto nicht gut tut, dass unser Mobiltelefon nicht nass werden sollte, unsere Fische hingegen schon. Wie kommt es, dass in unseren Augen lediglich der Mensch zu jeder Tag- und Nachtzeit, in jeder Umgebung funktionieren – ja gar glücklich dabei sein muss?
Dass wir uns selbst an leblosen, unnatürlichen Maßstäben messen, ist meiner Ansicht nach nicht nur falsch, sondern darüber hinaus Grund für die große Verwirrung,

Verzweiflung und Traurigkeit, die so vielen Menschen ihr Leben erschwert. Leider ist unser Alltag jedoch nicht auf uns ausgelegt. Es gibt keinen Winterschlaf, kein Frühlingserwachen und Hitzefrei, wenn man einer Erwerbstätigkeit nachgeht. Es gibt keine Möglichkeit, zu überleben, ein Dach über dem Kopf und Essen auf dem Tisch zu haben, wenn man sich nicht an die vorgegebenen Strukturen hält – wenn man nicht tagaus tagein Konsequenz, Disziplin und Leistungsfähigkeit an den Tag legt. Ich will daher im Folgenden auch jenen unnatürlichen Bereich des Lebens mit einbeziehen und versuchen, einen Weg aufzuzeigen, diesen dennoch an unsere menschlichen Bedürfnisse anzupassen. Will darüber hinaus verdeutlichen, was die Lebendigkeit des Menschen ausmacht, inwiefern sie der Schlüssel zu Selbstliebe und einer erfüllten Lebensführung ist und wie wir sie durch einen veränderten Blickwinkel, einen neuen Fokus wiederentdecken können.

Ich will mit diesem Buch eine Anleitung dafür schaffen, den Denkfehler unserer Gesellschaft zu beseitigen und eine artgerechte Lebensführung zu finden. Wir wollen wachsen, wie die Pflanzen und werden dabei unnötig gehemmt. Wir wollen weiter wachsen, weil es immer noch weiter geht. Weil es nie zu spät für Veränderung ist, oder dafür, unser Potential zu entfalten. Es ist nie zu spät dafür, glücklich zu sein.

Warum bist du hier?

Geht es dir, wie es mir damals ging? Du lebst ein Leben, so gut du kannst, doch bist nicht wirklich glücklich? Trägst du vielleicht einen großen Kummer in dir, den du nicht bewältigen kannst? Hast du das Gefühl, etwas stimme noch nicht ganz? Fragst du dich: Wer bin ich? Was will ich? Was kann ich? Und hast keine zufriedenstellenden Antworten darauf? Suchst du einen Weg, eine Lösung, eine Veränderung? Dann ist dieses Buch für dich.

Ich werde dir nicht sagen, wo dein Problem liegt und was du tun sollst. Denn das kannst nur du wissen. Ich werde dich lediglich dabei unterstützen, dich selbst und deinen Weg zu finden – indem ich dich an jenen Erfahrungen teilhaben lasse, die mich damals gerettet haben.

Vor sieben Jahren war ich eine lebensmüde Alkoholikerin, die kurz vor dem Abschluss eines Studiums stand, dessen Nutzen sie von Anfang an nicht gesehen hatte. Ich trieb mich in der Großstadt herum, hielt meine eigene Gesellschaft nicht aus und suchte daher die zahlreicher, immer wechselnder Partner. Ich traf schlechte Entscheidungen und hasste mich selbst. Sowohl Selbstliebe und daher Selbstfürsorge als auch ein Sinn oder eine Richtung für mein Leben fehlten mir komplett.

Nun lebe ich abstinent, in einer monogamen Beziehung, in einem winzigen Bergdorf und bin seit einiger Zeit wirklich glücklich. An diesen Punkt, zur Erfüllung meiner Wünsche und Sehnsüchte bin ich gelangt, indem ich mich selbst wahrhaftig kennen gelernt und verändert habe. Ich habe Selbstliebe gefunden und Wege, mich zu entfalten und auszudrücken. Die hilfreichen Denkanstöße fand ich über Jahre hinweg in Büchern, Filmen sowie den Aussagen anderer Menschen. Fand sie darüber hinaus durch das eingehende Betrachten meiner Selbst und der Natur. Bald gelangte ich zu Erkenntnissen, die meine Sicht auf das Leben komplett verändern und meine Reise ins Glück unterstützen sollten. Ich sehe nun alles klarer als je zuvor und möchte dasselbe für dich tun. In diesem Buch teile ich Gedanken und Aufgaben mit dir, welche einen ehrlichen Blick auf alle Lebensbereiche ermöglichen und dir einen gesunden Umgang mit dir selbst beibringen. Alles, was du brauchst, um zu erfahren, wer du bist, was du willst und was du kannst, ist die Bereitschaft, dich auf diese Reise einzulassen.

Was dir fehlt, ist ziemlich sicher eine Perspektive. Ich selbst befand mich häufig an Punkten, an welchen ich dachte, es ginge nicht weiter. Ich war festgefahren, sah weder ein Ziel am Horizont noch einen Ausweg aus meiner schwierigen Situation. Ich hatte Vorstellungen für mein Leben, die ich nicht umsetzen konnte, weil ich mich am falschen Ausgangspunkt befand. So konnten mir auch Außenstehende nicht helfen, da es ihnen unmöglich war, meine persönlichen Schwierigkeiten zu erkennen. Ihre Ratschläge bestanden in Aussagen wie „such dir doch einfach einen Job", weil sie nicht sehen konnten, wie alkoholkrank ich war. Nur ich selbst konnte letztendlich zu allen Erkenntnissen gelangen, die mich weiter brachten und auch du musst diese Arbeit alleine leisten. Wie ich jedoch Anleitungen in manchen Aussagen, Zitaten und

Situationen fand, so will ich dir alle Werkzeuge mitgeben, von denen ich auf meinem Weg Gebrauch gemacht habe und auf welche ich noch heute baue.

Das wichtigste auf deiner Reise besteht darin, einen Schritt zu tun. Den ersten Schritt und dann immer den nächsten. Vielleicht hast du eine Vorstellung davon, wo du „eigentlich sein solltest" - diese hilft dir jedoch nicht dabei, ans Ziel zu gelangen. Ja, eine grobe Richtung sollte dir bewusst sein, doch fokussierst du dich beim Bergsteigen lediglich auf den Gipfel, ist dein Tritt nicht sicher, stürzt du vielleicht ab. Ich will dir also als erstes klar machen, dass es auf jeden Fall vorwärts geht – sicher jedoch nur Schritt für Schritt. Einen wichtigen hast du bereits getan: Bereitschaft für Veränderung gezeigt. Nun geht es daran, den nächsten zu tun. Dafür verinnerlichst du am besten die folgenden drei Prinzipien:

1. Ich bin ehrlich zu mir selbst

Erst, wenn wir uns selbst und unsere Lebensgestaltung wahrhaftig sehen, können wir etwas verändern. Oft sitzen wir dem Trugschluss auf, dass alles, was wir nicht sehen, nicht vorhanden ist. Dass alles, was wir nicht wahrhaben wollen, nicht wahr sei. Doch dadurch verdrängen wir lediglich und verändern nichts.

Kannst du einen Gegenstand reparieren ohne zu sehen, wo er beschädigt ist? Kannst du etwas säubern ohne die Verschmutzung zu betrachten? Kannst du eine Mahlzeit perfekt würzen ohne sie abzuschmecken? Natürlich nicht. Ich weiß, wie schwierig und schmerzhaft es ist, die

Augen auch für alles Negative zu öffnen und wirklich ehrlich zu sich selbst zu sein. Doch weiß auch, dass ich ohne diese Ehrlichkeit immer noch verloren wäre. Jeder Makel, jeder Schaden kann behoben werden, wenn du ihn dir erst einmal eingestehst. Es ist nicht leicht, doch es ist unbedingt notwendig.

2. Ich stelle meine Gesundheit über alles andere

Dies bezieht sich vor allem auf deine psychische Gesundheit. Denn obwohl in den letzten Jahren vermehrt ein Fokus auf Gesundheit, Fitness und Hygiene gelegt wurde, kommt die psychische Gesundheit nach wie vor sowohl in der Gesellschaft als auch im individuellen Alltag zu kurz. Auf meiner Reise in die Abstinenz musste ich lernen, diese zu priorisieren und alles zu tun, um sie nicht zu gefährden. Ich musste lernen, mir Pausen zu gönnen, mich abzugrenzen, „nein" zu anderen zu sagen und nachsichtig mit mir selbst zu sein.

Dabei handelt es sich um einen schwierigen und langwierigen Prozess, es gelingt dir vermutlich nicht von heute auf morgen. Deshalb sollte dir an dieser Stelle lediglich bewusst sein, dass dein mentales und emotionales Wohlbefinden mindestens ebenso relevant ist, wie deine physische Gesundheit. Du hast das Recht und die Pflicht, alles dafür zu tun, deine Psyche zu schützen und dich auf sie zu konzentrieren. Folgst du den Schritten in diesem Buch, wird dies einiges von dir fordern. Fokussiere dich auf das, was dir gut tut und versuche, sowohl geduldig als auch nachsichtig mit dir selbst zu sein.

3. Ich verdiene es, glücklich zu sein

Jeder Mensch verdient es, glücklich zu sein. Natürlich haben wir alle auch Eigenschaften, welche uns die Selbstliebe erschweren. Du wirst im Folgenden lernen, deinen Wert zu erkennen und dir Liebe zu schenken. Doch bereite dich darauf vor, deinen eventuell vorhandenen Glauben daran, etwas Schlechtes zu verdienen, loslassen zu müssen. Wir können unser Potential nur entfalten, können der Gesellschaft und unserem Umfeld nur etwas Gutes geben, wenn wir uns zu zufriedenen Menschen entwickeln. Was uns daran hindert ist oft lediglich der Gedanke, Zufriedenheit würde uns nicht zustehen. Wenn wir uns Zeit und Raum geben, können wir uns zu Menschen entwickeln, die wir selbst als liebenswert erachten. Wenn wir uns Liebe geben, finden wir Glück und inneren Frieden. Auch wenn es dir vielleicht noch schwer fällt, solltest du diesen Glaubenssatz daher verinnerlichen: Ich verdiene es, glücklich zu sein und ich kann es werden.

Wo willst du hin?

Vermutlich beschäftigt dich diese Frage – entweder, weil du eine Vorstellung davon hast, wo du gerne wärst, dieser jedoch nicht entspricht, oder aber, weil du es gar nicht weißt. Wir Menschen brauchen jedoch eine Aussicht, um glücklich zu sein. Nicht umsonst bauen wir Fenster in unsere Häuser, genießen den Blick vom Balkon oder klettern auf Berggipfel – bloß, um mehr zu sehen. Im Folgenden wirst du lernen, dir deine eigene positive Aussicht zu schaffen. Während wir gesellschaftlich gewisse Meilensteine und Errungenschaften als sinnvolles Ziel ansehen und diese feiern, kommen die meisten Erfolge zu kurz. Wie alles, was deine persönliche Entwicklung betrifft, kannst du diese am besten, vielleicht als einziges, erkennen.

Ein Beispiel aus meiner Geschichte:

Aufgrund meiner Alkohol- und Cannabis-Abhängigkeit veränderte sich meine Zahnhygiene. Anstatt wie zuvor morgens und abends zur Zahnbürste zu greifen, putzte ich meine Zähne lediglich bevor ich das Haus verließ. Daher schlief ich Nacht für Nacht, ohne meine Zähne geputzt zu haben. Wie unhygienisch und unappetitlich das ist, spielt hier gerade keine Rolle. Wichtig finde ich: Seit ich clean bin, putze ich ohne Ausnahme jeden Abend meine Zähne gewissenhaft und gründlich. Etwas, das für die meisten Menschen eine unabdingbare Selbstverständlichkeit darstellt, ist für mich persönlich also ein großer Fortschritt und eine Entwicklung, auf die ich trotzdem stolz sein darf.

So musst auch du begreifen, dass jeder Schritt, den du tust, jede kleine Veränderung zum Positiven, die du vornimmst, deine Anerkennung, deine Freude und deinen Stolz verdient. Versuche zu vergessen, wie die Allgemeinheit auf all diese Punkte blickt und dich stattdessen darauf zu konzentrieren, was dich im Leben weiter bringt. Nichts ist zu klein und unbedeutend, um einen relevanten Schritt auf deiner Reise darzustellen.

Wie bereits erwähnt, ist es nicht nötig, bereits jetzt ein konkretes Ziel vor Augen zu haben, um deinen Weg zu finden. Dein Bestreben sollte an dieser Stelle sein, dich Schritt für Schritt in ein besseres Leben zu wagen, loszulassen, was dir nicht mehr dient und zu finden, was dich erfüllt. Beginnst du erst einmal, alles klar zu sehen und dein Potential auszuschöpfen, werden sich konkrete Ziele sowie der Weg dorthin von ganz alleine offenbaren. Nimm dir nun kurz Zeit, um darauf stolz zu sein, dass du mit dem Lesen dieser Zeilen bereits einen wichtigen Meilenstein – die Bereitschaft für Veränderung – erreicht hast. Von nun an wirst du darauf aufbauen können und regelmäßige Erfolge feiern.

Was erwartet dich hier?

Dieses Buch ersetzt keine Therapie. Es enthält lediglich Übungen und Denkanstöße, die mir selbst dabei geholfen haben, mein Leben zum Positiven zu verändern. Es ist unbedingt notwendig, dass du deine Gefühle beobachtest und deine Verfassung ehrlich einschätzt. Das Buch ist so konzipiert, dass du es in deinem eigenen Tempo und den Hauptteil in einer für dich passenden Reihenfolge durcharbeiten kannst. Mache von dieser Möglichkeit Gebrauch, indem du dir immer wieder Pausen gönnst, gewisse Einheiten über längere Zeit auf dich wirken lässt und dich nicht mit zu vielen Baustellen auf einmal konfrontierst. Ich habe für den Prozess, welchen du mit dieser Lektüre durchlaufen kannst, Jahre gebraucht. Bitte überfordere dich nicht und stelle deine psychische Stabilität an erste Stelle. Um dir die Entscheidung für oder gegen das Angehen mancher Punkte zu erleichtern, habe ich sie mit einem Warnhinweis versehen. Natürlich ist jeder Mensch einzigartig und die Themen, welche ihn potentiell aus der Bahn werfen, ebenso unterschiedlich. Es finden sich jedoch manche Lebensbereiche in diesem Buch, die mit größerer Vorsicht betrachtet werden sollten, als andere. Konfrontiere dich mit ihnen nur, sofern du dich stabil und bereit dafür fühlst.

Generell gilt: Lies dir jede Einheit, für die du dich interessierst, erst einmal durch und entscheide dann, ob du dich für eine eingehende Beschäftigung mit dem entsprechenden Thema bereit fühlst. Wenn du dich auf diese Lektüre einlässt, wirst du dich mit problematischen und schmerzhaften Aspekten deines Lebens auseinandersetzen. Bereite daher Sicherheitsmaßnahmen vor, die dich im Falle zu großer Belastung auffangen und stabilisieren können. Dies sollte unbedingt geschehen, bevor du mit dem Hauptteil beginnst.

Folgende Punkte können dir helfen, einen Notfallplan zu entwickeln:

1. Wenn es mir schlecht geht, tut es mir gut... (z.B. ein Bad zu nehmen, Musik zu hören, spazieren zu gehen, Filme, Serien, putzen, kochen, schlafen,... was auch immer du gerne für dich selbst tust – je konkreter formuliert desto besser!)

2. Das möchte ich in meinem Leben noch erreichen/erleben:
3. An diese Menschen kann ich mich wenden:
4. Dies sind Hilfsangebote, Krisendienste oder Therapeut:innen in meiner Nähe:

Fühlst du dich für die Lektüre bereit, werde ich dir zunächst einen kleinen Überblick über all das geben, was dich im Folgenden erwartet.

Wir widmen uns in diesem Buch drei symbolischen Bereichen, in die sich dein Leben fassen lässt – dem Haus, dem Garten und dem Selbst.

Das Haus
steht für dein (äußeres) Leben, wie es ist – alles Statische, Alltag, Routine, Eigenschaften und Verhaltensmuster, die du dir angeeignet hast.
Wir wollen ungemütliche Ecken verschönern, schadhafte Stellen ausbessern und genau erkennen, wo wir Baustellen haben oder beginnen sollten. Wir wollen gründlich ausmisten und begreifen, was in unser Haus gehört und was wir nicht mehr hinein schleppen sollten.

Der Garten
steht für dein Potential und für deine Seelen-/Gedanken- und Gefühlswelt. Wir wollen den Nährboden vorbereiten für etwas, das Früchte bringt, wollen Schädlinge und Unkraut ausmerzen, damit unsere Ideenkeime in Ruhe wachsen können.

Wir wollen verstehen, wie sehr unser Garten von unserer Pflege abhängig ist, vom Wetter beeinflusst wird und wollen uns eine Routine aneignen, die sowohl für Sonnen- als auch Regentage einen konstruktiven Umgang mit unseren Gefühlen ermöglicht.

Das Selbst
steht für dein inneres Wesen, das einzigartig und wunderschön ist. An ihm selbst gibt es nichts zu verbessern – nur an deinem Umgang mit ihm. Alles, was dir vielleicht als Makel erscheint, ist nur unvorteilhafte Kleidung oder wenig schmeichelhafte Beleuchtung – gehört also zum Haus.
Wir wollen genau betrachten, was uns wirklich ausmacht, wie wir für uns selbst sorgen können und wunderschön finden, was wir sind. Wir werden dabei auch Wege finden, unser Potential besser auszuschöpfen und an uns selbst zu arbeiten.

Nicht zuletzt wollen wir lernen, wie wir uns selbst ausdrücken können, um uns zu entfalten und unseren Platz in der Welt zu finden.

Um dich dabei zu unterstützen, enthält dieses Buch:

Geschichten und Beispiele aus meiner persönlichen Biografie 📖
Da die von mir vermittelten Inhalte größtenteils meiner eigenen Erfahrung entstammen, möchte ich dir die ent-

sprechenden Hintergründe schildern. Da ich selbst jahrelang keine Hoffnung hatte, dass ich jemals etwas zum Besseren ändern könnte, möchte ich dir mit meiner Lebensgeschichte Mut machen.

Verweise auf andere → Kapitel
Natürlich sind die einzelnen Themen miteinander verknüpft und ihre Übergänge fließend. Um dich bestmöglich dabei zu unterstützen, ein umfangreiches Bild zu bekommen und relevante Kapitel schnell zu finden, habe ich Querverweise eingebaut. Beachte, dass nur auf manche Kapitel verwiesen wird und es ebenso sinnvoll ist, chronologisch bzw. in deiner ganz eigenen Reihenfolge vorzugehen.

Tipps und Tricks, ganz unabhängig ☝
Einige Dinge, die mir auf meiner Reise geholfen haben, oder mich immer noch täglich dabei unterstützen, mein Leben zu bewältigen, passen thematisch nicht eindeutig zu einem der Unterpunkte, oder erfordern keine ausführliche Erklärung. Da ich sie dir dennoch nicht vorenthalten will, findest du sie am Ende des Hauptteils.

Langzeitaufgaben, um deinen Blickwinkel dauerhaft zu ändern ⌛👁
Viele Erkenntnisse kommen vom geduldigen Beobachten, viele Lektionen kann man erst durch Studien wirklich begreifen. Es reicht daher manchmal nicht, eine bestimmte Perspektive lediglich punktuell einzunehmen – insbesondere, da unsere Gesellschaft ihre Version und

Sichtweise dauerhaft propagiert. Mithilfe gewisser Aufgaben und Denkanstöße kannst du lernen, dem etwas entgegen zu setzen und deine Sichtweise wirklich dauerhaft zu verändern.

Denkaufgaben, um dich selbst und dein Leben besser kennen zu lernen
Ich werde dich immer wieder motivieren, kurz in dich zu gehen und nachzudenken, um die von mir genannten Erkenntnisse auf dein eigenes Leben übertragen zu können. Es ist dir überlassen, ob dies beim Lesen der entsprechenden Zeilen geschieht, ob du meditierst, zeichnest, einen Spaziergang unternimmst oder etwas ganz anderes tust, um diese Überlegungen anzustellen. Wichtig ist lediglich, dass du diese Punkte nicht einfach überspringst, sondern wirklich versuchst, die vorgeschlagene Perspektive einzunehmen. Schließlich kenne ich weder deine Themen noch deine Probleme und kann dir nur bis zu einem gewissen Punkt helfen – zu konkreten Schlüssen, die auf dein persönliches Leben passen, musst du selbst gelangen.

Schreibaufgaben, um mit dem Stift dein Leben in die Hand zu nehmen
Das Schreiben eignet sich hervorragend, um Gedanken zu ordnen, Ehrlichkeit zu üben und auch persönliche Fortschritte (im Vergleich mit älteren Texten) zu erkennen. Darüber hinaus bist du als Autor:in schöpfend und allmächtig, kannst die Wirklichkeit deiner Texte bestimmen und so, frei von Einschränkungen der realen Welt,

in einem ganz frischen Rahmen denken. Zu jedem Unterpunkt der drei Themenbereiche wird dir eine sehr konkret formulierte Schreibaufgabe gestellt. Diesen Weg habe ich für den Fall gewählt, dass du dich ratlos oder einfallslos fühlst. Sollten dich die vorangegangenen Worte der jeweiligen Kapitel allerdings inspirieren, kannst du natürlich deine eigenen Ideen umsetzen und schreiben, was auch immer dir einfällt. Wichtig ist lediglich, dass du dir für jeden Unterpunkt die Zeit nimmst, etwas aufzuschreiben. Was auch immer das ist, wird richtig sein.

Und los geht's!

Neben der Angst vor Wachstum gibt es meiner Ansicht nach einen großen Punkt, der uns daran hindert, unser Potential voll auszuschöpfen. Das kapitalistische System suggeriert uns die Möglichkeit, gar die Notwendigkeit, eines stringenten, unbegrenzten Wachstums, eines steten „Auf" ohne „Ab". Wie bereits erwähnt, handelt es sich dabei jedoch nicht um den natürlichen Lauf der Dinge und ist darüber hinaus auch ganz allgemein unzutreffend. Denn die Ressourcen unseres Planeten sind begrenzt. Auch die Ressourcen eines jeden Menschen sind begrenzt und werden viel zu oft für etwas genutzt, das uns in Wahrheit nicht weiter bringt. Um dir das zu verdeutlichen, habe ich die Bilder „Haus", „Garten" und „Selbst" gewählt.

Das Haus, unser alltägliches, greifbares Leben, bietet nur

begrenzt Platz für Aktivitäten, Beziehungen und Ballast. Versuchst du, unbegrenzt viel darin unter zu bringen, wird dich die Last erdrücken und dein Haus zu einem Ort, der dich einschränkt, belastet und überfordert.

Der Garten steht für dein mentales Potential und auch hier wird deutlich, dass ein einzelner Mensch keine unendlich große Fläche Land bewirtschaften kann. Deine Zeit, deine Kraft und Aufmerksamkeit sind natürlicherweise begrenzt. Du kannst umso mehr in konstruktive Gedanken und Projekte investieren, je weniger du deine Ressourcen für Sorgen verschwendest.

Das Selbst ist dein wahres Wesen und damit ein unabänderlich festgelegter Rohstoff, der dir jedoch die Möglichkeit bietet, ihn nach deinen Vorstellungen in Form zu bringen – akzeptierst du seine Beschaffenheit und damit sein wahres Potential.

Um wirklich an dir und deiner Lebensgestaltung arbeiten zu können, musst du also akzeptieren, dass deine Ressourcen begrenzt sind. Du hast das Recht und die Pflicht, sie so zu nutzen, dass es dich weiter bringt.

Dies führt uns auch zur Definition von Wachstum im natürlichen Sinne – was ich meine, wenn ich behaupte, dass wir immer weiter wachsen können. Im Gegensatz zu dem, was unsere Gesellschaft suggeriert, handelt es sich dabei nicht um ein beständiges Größer-Werden. Erst Recht nicht um eines, das von außen sichtbar ist. Jede Pflanze investiert ihre Kraft auf angemessene Art. Lässt unsichtbare Wurzeln ebenso wachsen wie den Rest und schießt nicht weiter in die Höhe, sobald sie beginnt,

Früchte auszubilden. Daneben gehört wie erwähnt auch das Verlieren von (Blüten-)Blättern zum Wachstum – mag es auch nicht danach aussehen.
Du wirst im Laufe deiner persönlichen Reise feststellen, dass es oft genau jenes „Verlieren" ist, das dich weiterbringt. Das Loslassen von Glaubenssätzen, Angewohnheiten und Kompensationsmechanismen wird dir ebenso zum Wachstum verhelfen, wie mir.
Versuche also, zu verinnerlichen, dass du auch auf unscheinbare Art sowie durch „Verlust" wachsen kannst.

✎ Einen Überblick bekommen:

Widme jeweils mindestens ein Blatt oder eine Seite in deinem Heft/Dokument den drei Bereichen „Haus", „Garten" und „Selbst". Das Buch ist so aufgebaut, dass du alle folgenden Einheiten in beliebiger Reihenfolge durchlaufen kannst. Damit dies möglich ist, solltest du dir jedoch zunächst einen Überblick verschaffen und dir Notizen zu allen nun folgenden Gedankenanstößen machen. Vielleicht hilft es dir, tatsächlich ein Haus, einen Garten und einen Menschen zu zeichnen. Vielleicht kannst du manche Punkte nicht auf Anhieb einordnen und notierst sie zunächst auf einem gesonderten Blatt. Auch alles, was dir später vielleicht als falsche Zuordnung erscheint, kann aufschlussreich und daher hilfreich sein.
Setze dich nicht unter Druck und versuche, spielerisch, aber so ehrlich wie möglich an die Aufgaben heran zu gehen.

DAS HAUS

Betrachte dein Leben wie ein Haus. Schließlich wohnst du darin und alles, was in deinem Alltag Raum einnimmt, hat einen Raum in deinem Haus. Wie sieht er aus? Ist es vielleicht Verschwendung, ein ganzes Zimmer für einseitige Freundschaften zu heizen? Hättest du vielleicht gerne mehr Platz für deine Freizeitaktivitäten oder deine Familie? Betrachte genau, was in deinem Leben wie viel Raum einnimmt und wie jener gestaltet ist. Wirkt dieser Aspekt wie ein heimeliger Rückzugsort oder betrittst du ihn widerwillig, weil er chaotisch und dunkel ist? Manche Bereiche deines Hauses existieren vielleicht, ohne dass du dich überhaupt darin aufhalten willst. In anderen befindest du dich so häufig, wie möglich – warum? Versuche, herauszufinden, wie dein Haus gestaltet ist und wie du es verbessern könntest. Existieren bereits Baustellen? Oder Räume, die du schon länger renovieren willst? Betrachte all die Dinge und Menschen, die dir wichtig sind. Haben sie einen festen Platz in deinem Haus? Oder müsste anderes weichen, um ihnen Raum zu geben? Im Laufe der Lektüre wirst du merken, dass zu deinem Haus auch alle Verhaltensmuster und Eigenschaften gehören, die dich einschränken. Dass Erinnerungen und Denkweisen wie Krempel sein können, der deinen Alltag prägt, ohne ihn zu bereichern. Beginne jedoch erst einmal mit den offensichtlichen Punkten. Es kann helfen, sich vorzustellen, dein Doppelgänger würde das Leben mit dir tauschen. Was genau würde er annehmen? Welche Tätigkeiten, Routinen, Menschen, Prägungen? Danach kannst du dir vorstellen, was ihn vielleicht von dir unterscheiden würde. Welche Aspekte fehlen jemandem, der einfach nur deinen Alltag übernimmt? Welche Aktivitäten haben keinen Grund, keine Motivation ohne deine persönliche Geschichte und deine Erfahrungen? Dein Haus ist alles, was sich durch einen Blick auf dein Leben von außen erkennen lässt. Aber auch alles, was du in Einbauschränken, auf Speichern und in Kellern aufbewahrst, ohne wirklich Teil von deinem aktuellen, nackten Selbst zu sein.

Wie gesagt fällt es dir anfangs vielleicht schwer zu verstehen, was zu dir selbst und was zu deinem Haus gehört. Aber es wird dir nach und nach immer leichter fallen.

DER GARTEN

Der Garten steht für deine Gedanken- und Gefühlswelt. Alle Ideen, die du hast, welche noch nicht ausreichend gewachsen sind, um Früchte zu tragen oder einen festen Platz in deinem Haus zu haben. Alles, was zu abstrakt und wechselhaft ist, um dem eher statischen Haus zugeordnet werden zu können. Alle Interessen, Sorgen und Zukunftspläne. Notiere nun, was du als Bestandteil deines Lebens wahrnimmst, das jedoch so noch nicht im Haus aufgeführt ist, oder bei genauerer Betrachtung vielleicht eher zum Garten gehört. Notiere auch alles, was dich häufig oder in diesem Moment beschäftigt und bewegt. Was fühlst du, was denkst du?

⌛👁 Beim Betrachten deines Gartens kann es helfen, sich

täglich die Zeit zu nehmen, einen Gedanken aufzuschreiben und in Form einer Assoziationskette alle folgenden. Nimm dir dazu eine bestimmte Anzahl an Minuten, da diese Übung sonst kein Ende hat. Oder aber, du zeichnest eine Art Mind Map mit allen Themen, die dich im Laufe des Tages beschäftigt haben. So bekommst du einen Überblick und kannst manche Punkte leichter priorisieren, andere besser loslassen.

Vielleicht fällt dir auf, dass manche Gedanken und Gefühle kurzlebig sind und nur mit zeitlich Begrenztem zu tun haben. Vielleicht bemerkst du, dass andere Zierpflanzen sein könnten, die deinen Tag verschönern. Manche Ideen sind vielleicht Nutzpflanzen, die Früchte tragen könnten, wenn sie einen festen Platz bekommen und wachsen. Einiges ist vielleicht Unkraut und raubt deinen anderen Pflanzen die Energie, nimmt ihnen die Sonne, den Raum und die Nährstoffe, um zu gedeihen.

Die Unterscheidung der verschiedenen Arten deiner Gedanke und Gefühle kann kompliziert sein – doch keine Sorge, du wirst sie in diesem Buch noch lernen.

DAS SELBST

Sich selbst nicht klar zu sehen, ist genau so normal wie hinderlich. Sicherlich neigst du wie die meisten Menschen dazu, einerseits streng, ungeduldig und kritisch mit dir selbst zu sein, andererseits die Kritik außenstehender Menschen nicht gut zu verkraften. Versuche bereits jetzt, möglichst wertfrei zu notieren, was du aufgrund eigener und fremder Ansichten für deine Persönlichkeit hältst. Es handelt sich dabei um Eigenschaften und Charakterzüge, die sich vielleicht deutlich in deinem alltäglichen Leben zeigen, vielleicht jedoch nur von dir selbst bemerkt werden. Dinge wie Berufsbezeichnungen, Familienstand und Hobbys gehören nicht dazu. Du kannst jedoch möglicherweise erkennen, dass sie etwas mit deiner Persönlichkeit zu tun haben. So solltest du nicht „Mutter" aufschreiben, sondern beispielsweise „ich liebe meine Kinder und würde alles für sie tun". Nicht „Polizist", sondern „das Schützen von Recht und Ordnung ist mir wichtig". Je konkreter und persönlicher du diese Punkte formulierst, desto besser. Du darfst auch aufschreiben, mit welchen Dingen zu Schwierigkeiten hast, was du anstrebst oder dir wünschst. Beachte jedoch, dass jeder Aspekt mit deinen Eigenschaften, Bedürfnissen und Sichtweisen zu tun haben sollte – nicht mit äußeren Ansprüchen oder objektiv messbaren Errungenschaften. So ist „ich möchte mein Studium abschließen" vielleicht Teil deines Hauses – eine Trophäe, die dir in seiner Einrichtung noch fehlt – Teil deines Selbst ist jedoch dein persönlicher Beweggrund für diesen Wunsch.

Vielleicht fällt es dir noch schwer, zwischen deiner Persönlichkeit und deiner Lebensführung zu unterscheiden, doch die entsprechenden Kapitel werden dir dabei helfen.

HAUPTTEIL

Ab hier kannst du die Kapitel
in beliebiger Reihenfolge lesen!

DAS HAUS

Routine
Regelmäßiges schöner gestalten

Oft entspricht unsere Alltagsgestaltung nicht unseren wahren Bedürfnissen. Dafür verantwortlich sind entweder Einflüsse und Gegebenheiten von außen, oder innere Beweggründe. Letztere reichen von mangelnder Motivation bis hin zu Bewältigungsstrategien und Kompensationstaktiken, die wir nutzen, um etwas zugrunde liegendes auszugleichen. In dieser Einheit wirst du dich jedoch mit jenen Aspekten deines Alltags beschäftigen, deren Gründe oberflächlicher bzw. offensichtlich sind.
Betrachte dazu alle Baustellen und Räume deines Hauses, mit deren Beschaffenheit zu nicht zufrieden bist. Mag sein, dass manches mehr Raum einnimmt, als du es ihm gerne zugestehen würdest. Mag sein, dass anderes keinen Platz findest, was du eigentlich gerne integrieren willst. Vielleicht hilft es dir, in einem Kreisdiagramm darzustellen, welche Themen und Tätigkeiten deinen durchschnittlichen Tag zu wie viel Prozent füllen.

Bist du bereit, alle problematischen Punkte auf einer Liste festzuhalten und dir einen nach dem anderen vorzunehmen? Bedenke, dass es bei deinem Haus eher um die praktische Umsetzung geht, als um Vorstellungen und innere Entwicklung. Während dir die folgenden Übungen helfen können, notwendige und gewünschte Veränderungen zu erkennen, kommt es daher dennoch darauf an, dass du diesen entsprechend handelst. Mit ein paar Beispielen will ich dir erklären, wie das aussehen könnte.

1. Du erkennst, dass dein Arbeitszimmer entgegen deiner Wünsche zu viel Raum einnimmt. Da du an deinen Arbeitszeiten an sich nichts ändern kannst, beschließt du, alles darüber hinausgehende auszumisten. Wenn deine Tätigkeit keine Beschäftigung mit dieser außerhalb deiner Arbeitszeit erfordert, bemühst du dich aktiv, nur am Arbeitsplatz an sie zu denken. Auf der Hin- und Rückfahrt beispielsweise liest du ein Buch, hörst einen Podcast oder ein Hörspiel, führst Telefonate mit Freunden und Familie oder tust sonst etwas, das dich gedanklich mit anderen Themen als deiner Tätigkeit beschäftigt. Wenn deine Arbeit allerdings Vor- und Nachbereitung beinhaltet, suchst du für diese einen geeigneten Zeitraum. Vielleicht kannst du auf dem Weg von und zu deiner Arbeit alles erledigen. Wenn nicht, nimmst du dir ein festes Zeitfenster für Zuhause vor. Außerhalb dieser Zeit verschwendest du jedoch keinen Gedanken an die Arbeit.

2. Du erkennst, dass dein Hobbyraum mit etwas anderem gefüllt ist, als du es gerne hättest. In meinem Fall waren es Filme und Serien anstelle von Büchern. Du visualisierst, welchen Beschäftigungen du weniger und welchen du mehr Platz einräumen willst. Ist die Zeit gekommen, deinen Hobbys nachzugehen, entscheidest du dich bewusst für etwas, das du integrieren möchtest.

Dies kannst du auch auf Themen wie beispielsweise deine Ernährung, Hygiene, Finanzen, Haushalt, Liebesleben und vieles mehr übertragen. Wichtig ist, die von dir gewünschte Veränderung konkret zu formulieren und im entscheidenden Moment bewusst danach (oder dagegen) zu handeln – ohne Ausreden, Aufschieben und Schummeln.

3. Du erkennst, dass du deine Putzkammer verabscheust. So änderst du entweder deine strukturelle Vorgehensweise, indem du einen bestimmten Tag die Woche oder einen bestimmten Zeitraum pro Tag der Hausarbeit widmest. Oder du gestaltest die Tätigkeit schöner, indem du Musik und Hörbücher hörst, dir ein Belohnungssystem überlegst oder einen Geschwindigkeitsrekord aufstellst. Dies kannst du auch auf Sport, Aufräumen und sonstige praktische Tätigkeiten übertragen.

4. Du erkennst, dass du dich gedanklich mit allen Räumen deines Hauses konfrontierst, ohne dich wirklich aktiv damit auseinander zu setzen. Ständig hast du im Kopf, was noch alles zu tun ist und überforderst dich damit. So teilst du sämtliche Aufgaben und Aktivitäten thematisch auf und widmest jedem Thema entweder einen bestimmten Wochentag, oder einen bestimmten Zeitraum pro Tag. Montag Hausarbeit, Dienstag

Papierkram, Mittwoch soziale Kontakte, Donnerstag Sport und Freitag Freizeit beispielsweise – oder täglich 10 Minuten Haushalt, 10 Minuten Papierkram und so fort. Das wichtigste ist, außerhalb der festgelegten Zeit so wenig wie möglich daran zu denken und dir außerdem Ruhe und Freizeit als gleichwertige, wichtige Aktivität fest einzuplanen.

Betrachte nun deine eigene Alltagsgestaltung. Anschließend visualisierst du deinen idealen Tag. Was würdest du gerne erleben, erledigen und was kommt überhaupt nicht vor? Was hält sich davon ab, deinen Alltag entsprechend dieser idealen Vorstellung zu gestalten?
Versuche nun, beide Tagesgestaltungen miteinander zu verschmelzen. Welche Tätigkeiten könntest du durch die Kombination mit anderen Dingen schöner gestalten? Wie könntest du einen Ausgleich schaffen zu allem, was dich belastet?

✏ Schreibaufgabe
Schreibe nun einen Wochenplan, der deiner idealen Woche möglichst nahe kommt und dennoch alle Pflichten beinhaltet. Sortiere aus, was weder notwendig ist noch erfüllend, spaßig oder schön.
Beschreibe deine Aktivitäten so, dass jeweils ihre Vorteile deutlich werden. Anstatt den ganzen Tag im Büro sitzen zu müssen, darfst du während deiner Arbeit sitzen und hast daher Kraft in den Beinen für einen Spaziergang. Das Putzen ist anstrengend, doch danach fühlst du

dich zuhause wohler. Es ist nicht nötig, all jene Tätigkeiten tatsächlich als so positiv zu empfinden, wie du sie darstellst. Wichtig ist nur, dass du deine (Zeit-)Räume so gleichmäßig wie möglich zwischen Pflicht und Vergnügen aufteilst, dir Freizeit als notwendige Aktivität einplanst und genau überlegst, was wirklich Platz in deiner Routine verdient.

Ausmisten
Raum schaffen für Neues

Oft nehmen Aktivitäten in unserem Leben viel Raum ein, obwohl sie als Tätigkeit an sich keinen wahren Wert für uns besitzen. Es handelt sich um Bewältigungsstrategien und Kompensationstaktiken, die wir oft über längere Zeit hinweg entwickelt haben, um (vermeintliche) Defizite auszugleichen, oder mit negativen Gefühlen umzugehen.

📖 In meinem Fall waren das sowohl mein exzessiver Alkohol- und Cannabis-Konsum als auch mein ständiges Streben nach Anerkennung und wechselnden Partnerschaften. Meine gesamte Zeit, Kraft, Aufmerksamkeit und auch beinahe all mein Geld flossen in jene Punkte, die für sich genommen – also ohne ihre soeben genannte Funktion – keinerlei Mehrwert für mich gehabt hätten. Die Bar, die Grasplantage und die Partnerbörse waren also jahrelang die größten Räume meines Hauses, wodurch beinahe kein Platz für wahre Freundschaften, das Verfolgen meiner Träume oder das Erfüllen meiner Pflichten blieb. Seit ich diese Beschäftigungen aus meinem Leben verbannt habe, sind meine Ressourcen und Kapazität für wirklich Wichtiges frei geworden.

Doch wie kannst du deine nur sekundär relevanten Tätigkeiten von den anderen unterscheiden? Das wirst du in dieser Einheit üben. Oft fällt die Bestimmung schwer, da auch gesunde und notwendige Mechanismen einen Gewinn auf zweiter Ebene haben können. So hilft das Putzen unseres Hauses sowohl hygienischen Aspekten als auch psychologischen. Ebenso tust du deinem Körper mit sportlicher Betätigung etwas Gutes, darüber hinaus aber auch deiner Psyche. Doch bereits hier liegt der Schlüssel zum Entdecken von Kompensationstaktiken: Es ist das „sowohl als auch".

Betrachte im Folgenden sämtliche Aktivitäten deines Alltags, die mindestens zwei Effekte bzw. zwei Effekt-Ebenen besitzen. Wichtig ist hierbei, dass du wirklich ehrlich mit dir selbst bist. Lasse dich nicht von deinen eigenen fadenscheinigen Erklärungen in die Irre führen! Ich selbst redete mir lange ein, jede Nacht auszugehen, um zu trinken, hätte einen positiven Effekt gehabt: Aus dem Haus und unter Leute zu kommen – doch wäre das nicht auch tagsüber, bei einem Spaziergang oder einer Tasse Kaffee möglich gewesen? In Wahrheit bestand der positive Effekt meines Verhaltens darin, nicht zuhause bleiben zu müssen, was die erstrebenswerte Konsequenz hatte, nicht alleine mit mir oder meinen Gedanken zu sein. Vermeintlich positive Wirkungen, die sich in einer solchen „nicht..."-Formulierung darstellen lassen, markieren bloße Vermeidungsstrategien. Du willst „nicht überlegen müssen, was du kochst" und bestellst deshalb Essen. Du willst „nicht mit deiner Familie aneinander geraten" und meldest dich deshalb bei ihr, willst „nicht das Gefühl haben, wertlos zu sein" und präsentierst dich deshalb auf Social Media, du willst „nicht nachdenken müssen" und lenkst dich daher ab. Natürlich stellen die genannten Beispiele kein Problem dar, solange es sich um einzelne Vorkommnisse handelt. Erkennst du jedoch ein regelmäßiges Auftreten, ein Muster, einen Automatismus, so solltest du deine Verhaltensweise genauer unter die Lupe nehmen.

෴ Alle Aktivitäten, die dir für sich genommen Freude bereiten, darfst du bei dieser Einheit außer Acht und selbstbewusst in deinen Alltag integriert lassen. Beschäftigungen, die dir für sich genommen keine explizite Freude bereiten, darfst du ebenfalls beiseite legen – sofern ihr Effekt ein positiver, ohne „nicht" auskommender Beweggrund ist, wie zum Beispiel Aufräumen, Einkaufen, Arbeit und ähnliches. Ihnen kannst du dich im Rahmen der Kapitel → <u>Routine</u> und <u>Renovieren</u> widmen, ebenso wie allen Aktivitäten, welche du möglicherweise komplett aus deinem Leben streichen solltest, da sie auf keiner Ebene etwas Positives bewirken.

Nun konzentrierst du dich auf jene Tätigkeiten, denen in Wahrheit eine Angst zugrunde liegt und bei denen es sich deshalb um Bewältigungs- bzw. Vermeidungsstrategien handelt. Es kann helfen, zunächst eine Liste mit allem anzulegen, das sich nicht in die beiden Gruppen

„schöne Tätigkeit" und „Tätigkeit mit eindeutig positivem Effekt" einordnen lässt. Nun nimmst du dir die Liste Punkt für Punkt vor und versuchst, deine wahren Beweggründe herauszuarbeiten. Überfordere dich nicht! Beginne mit dem Thema, das dir am leichtesten fällt. Warum tust du es? Was würde passieren, wenn du es nicht tätest? Was könntest du stattdessen tun, das vielleicht den gleichen Effekt hätte? Für diese Übung ist es noch nicht notwendig, dich den zugrunde liegenden Ängsten zu stellen und an ihnen zu arbeiten – dies wirst du im → Garten lernen. Das Haus bezieht sich auf deinen praktischen Umgang mit ihnen – so auch die folgende Schreibaufgabe.

✏️ Schreibaufgabe

Eine Liste mit deinen Bewältigungsstrategien hast du bereits angelegt. Erstelle nun eine Auflistung all der Dinge und Aktivitäten, denen du gerne (mehr) Raum in deinem Leben geben würdest. Beschreibe nun dein Leben, wie es wäre, wenn du jeden Punkt auf der ersten Liste durch einen der zweiten ersetzt. Je nachdem, wie klar dir deine zugrunde liegenden Motivationen sind, kann es helfen, den passenden Ersatz anhand jener auszuwählen.

📖 So ersetzte ich das Rampenlicht und die Aufmerksamkeit im Nachtleben durch Poetry Slam – bekam somit Aufmerksamkeit und Rampenlicht auf Bühnen. Ersetzte den Drink, an den ich mich gerne klammerte, der mich von innen wärmte, durch Tee. Ersetzte die Zuneigung immer wechselnder Partner durch eine engere Bindung mit meiner Familie und allen Aktivitäten, die ich unter Cannabis-Einfluss genossen hatte, gehe ich nun nüchtern nach.

Auch das ist eine Option – was du in dein Leben integrieren möchtest, muss weder produktiv noch angesehen sein. Lediglich eine Verbesserung darstellen – sei es, indem es gesünder, günstiger, ungefährlicher oder zufriedenstellender ist. In der praktischen Umsetzung geht dieses Austauschen natürlich nicht auf einen Schlag. Auch ich ersetzte zunächst den Alkohol durch Marihuana (welches ich allerdings schon zuvor konsumiert hatte) und verbesserte meine Strategie insofern, dass ich statt zwei Drogen nur noch eine in meinen Alltag integriert hatte, die mich zudem dabei unterstützte, ab und zu zuhause zu bleiben. Lediglich für diesen Text sollte es dir gelingen, alle Kompensationsmittel durch etwas Schönes zu ersetzen. Erfinde für Lücken, die du mithilfe deiner zweiten Liste nicht füllen kannst, einen Platzhalter und komme später darauf zurück.

Lies dir deinen optimierten Alltag so häufig wie möglich durch und beginne mit der praktischen Umsetzung. Wähle dazu eine Bewältigungsstrategie deiner ersten Liste aus und beschließe, sie durch etwas besseres zu ersetzen. Dies kann jedes Mal, wenn du auf deine Kompensationstaktik zurückgreifen möchtest, etwas anderes sein. Ziehe dafür die zweite Liste zu Rate, wann immer du in Versuchung bist. Ergänze sie, falls dir weitere schöne Aktivitäten einfallen und beobachte, welche Beweggründe du für deine Bewältigungsstrategie hast, welche gesunde

Alternative dabei hilft und übe dich in Geduld. Als ich den Alkohol aus meinem Leben gestrichen hatte, dauerte es zwei Jahre, bis ich bereit war, auch dem Cannabis zu entsagen. Nähere ich dich so Schritt für Schritt in deinem eigenen Tempo dem von dir verfassten gesunden und schönen Alltag an.

<u>Renovieren und Baustellen</u>
<u>Grundlegende Änderungen vornehmen</u>

Vielleicht gibt es Bereiche in deinem Haus, die ganz grundlegend und drastisch verändert werden müssen. Vielleicht weißt du noch nicht einmal sicher, um welche es sich handelt, vielleicht bist du auch mit deinem gesamten Haus unzufrieden. So oder so darfst du erkennen, dass sich alles ändern lässt. Meistens die Situation und wenn nicht, dann deine Einstellung zu dieser – was wiederum eine ganz neue Situation kreiert. Mach dir bewusst, dass es sich um DEIN Haus handelt. Mag sein, dass du Verantwortung für andere Menschen trägst. Dass dich die Erwartungshaltungen deines Umfeldes und der Gesellschaft prägen, mag sein, dass alles nicht so einfach ist! Aber alles ist möglich.

Ich habe im Laufe meines Lebens mit all seinen Veränderungen gelernt, dass es nicht funktioniert, etwas anderen zuliebe durchzuziehen, wenn man selbst nicht dahinter steht. Letztendlich geht es bei diesen Themen immer darum, verfügbar zu sein, im Sinne unseres Leistungssystems zu „funktionieren" und etwas zu erreichen. Dies ist

jedoch nicht wirklich möglich, wenn du unglücklich bist. Irgendwo wird dein Kummer ein Ventil finden, das dir selbst und deinem Umfeld schadet. Irgendwo wird dein erzwungenes Bemühen durch diese Kompensation wieder zunichte gemacht. Du kannst in einer unglücklichen Ehe nicht besser für deine Kinder da sein, als wenn du ein zufriedener alleinerziehender Mensch bist. Du kannst in einem Beruf, der dich belastet, nicht eher ein tüchtiger, vorbildlicher Teil der Gesellschaft sein, als mit einem unsicheren Einkommen durch etwas, das dich erfüllt. Du kannst in einem Land, das dir alle Möglichkeiten bietet, in dem deine psychische Gesundheit jedoch leidet, dein Potential nicht eher entfalten als in einem, das deine Seele befreit.
Große Entscheidungen und Veränderungen verlangen Mut, Klarheit, oder einen starken Leidensdruck. Fast immer handelt es sich bei den richtigen Schritten um lange Prozesse, die in dir vonstatten gehen und langsam erarbeitet werden. Die großen Veränderungen, welche ich an meiner Lebensführung vorgenommen habe, zogen sich über Jahre hin.

📖 Anfang 2016 war mir klar, dass ich ein Alkoholproblem habe, Ende 2017 hörte ich mit dem Trinken auf. Anfang 2017 wusste ich, dass ich kein Marihuana konsumieren sollte, seit dem Sommer 2019 bin ich clean. Ebenfalls 2017 spürte ich, dass ich gerne in Griechenland leben will, Ende 2021 zog ich dorthin. Der wahre Umbruch, die richtige Arbeit fand jeweils zwischen den beiden Zeitpunkten statt.

Der Prozess des Renovierens beginnt immer mit dem Gedanken, dass dir das, was du hast, nicht gefällt. Zwar ist die Veränderung bei mir beispielsweise noch nicht, oder nie abgeschlossen – man kann nicht einfach in ein Land ziehen und dort leben, man muss sich dort ein Leben aufbauen; man kann nicht einfach abstinent werden, man muss es jeden Tag aufs Neue durchziehen – doch das Schwerste war der Weg von meiner Erkenntnis zu ihrer praktischen Umsetzung.

Renovieren – stell es dir ganz bildlich vor – kostet Zeit, Kraft und Nerven, bringt dich in eine Ausnahmesituation und wirkt zunächst wie eine Verschlechterung des vorherigen Zustandes. Nehmen wir an, ich möchte meine Küche renovieren, weil sie alt, unpraktisch, defekt oder hässlich ist. Die Küche gefällt mir nicht, sie erschwert mein Leben. Beginne ich jedoch den Prozess des Renovierens, wird es noch schwieriger. Denn statt einer schlechten Küche habe ich plötzlich gar keine mehr. Ich habe Bauschutt und Sperrmüll, den ich loswerden muss. Habe vielleicht offen liegende Strom- und Wasserleitungen, die Vorsicht verlangen, Verletzungen und Schaden anrichten könnten. Ich habe einen Raum, den ich nicht nutzen kann – wodurch sich meine Gewohnheiten ändern müssen, mein Verhalten eingeschränkt wird. Ich habe wahrscheinlich eine Vorstellung davon, wie meine neue, tolle Küche aussehen wird – doch auch die Herausforderung, meinen Glauben an dieses Ergebnis nicht zu verlieren, während ich täglich eine chaotische Baustelle erblicke.

Ich denke, du kannst verstehen, wieso viele Menschen den Prozess mittendrin abbrechen – entmutigt vom Stand der Dinge, von der Dauer oder Schwierigkeit der Veränderung. Während wir das bei einer tatsächlichen Renovierung nie tun würden – wie absurd wäre es, die alte Küche wieder aufzubauen, anstatt den Weg zur neuen weiter zu gehen? Erwarten wir bei Veränderungen in anderen, auch abstrakteren Lebensbereichen eine sofortige Verbesserung unserer Situation, zweifeln bei Schwierigkeiten an der Richtigkeit unserer Entscheidung und verfallen zurück in alte Muster.
Doch das Chaos, die Ausnahmesituation, die Hindernisse gehören mit dazu. Am Tag nachdem ich meinen letzten Joint geraucht hatte, heulte ich fünf Stunden lang Rotz und Wasser. Das war nicht mein neues Leben in Nüchternheit – das war ein schmerzhaftes Abreißen vertrauter Strukturen und ein Offenlegen wunder Stellen. Es war der notwendige Schritt, um im vorhandenen Raum etwas Neues, Gesundes aufzubauen.

୧ Doch wie kannst du nun wissen, was das Richtige ist? Ich behaupte du weißt es schon. Tief in unserem Inneren kennen wir die Wahrheit und können, wenn wir uns darauf einlassen, sehr wohl bestimmen, ob uns lediglich Angst oder tatsächliche Abneigung von etwas abhalten.
Wie auch beim Renovieren eines Hauses solltest du gravierende Entscheidungen auf keinen Fall überstürzen, sondern ehrlich und geduldig beobachten, ob die Veränderung richtig sein könnte.

Nutze dazu die folgende Checkliste:

1. Habe ich die Kapazitäten für einen Umbruch? Bedenke: Er wird wahrscheinlich kraft- und zeitaufwändig sein.
2. Wie soll das Endergebnis aussehen? Wird sich mein Leben dadurch verbessern?
3. Was muss weichen, um diesem Ergebnis Raum zu schaffen? Kann ich darauf verzichten?
4. Wie kann ich die von der Baustelle verursachten Einschränkungen auf gesunde Art kompensieren?
5. Brauche ich Unterstützung beim Renovieren und wenn ja, von wem?
6. Brauche ich Ressourcen, wie kann ich sie bekommen?
7. Handelt es sich um meine eigene Entscheidung? Ist es das, was ich will, oder für nötig befinde?
8. Was hielt mich bisher davon ab, diese Veränderung anzustreben?
9. Muss ich mir noch über manches klar werden, bevor ich den Prozess beginne? Brauche ich den Rat von anderen?
10. Was ist das Schlimmste, das passieren könnte? Könnte ich damit leben? Besser oder schlechter, als ich momentan lebe?

Die gravierenden Entscheidungen, welche ich im Laufe meines Lebens getroffen habe, waren die richtigen. Ich war mir absolut bewusst, dass sie richtig waren, noch be-

vor ich sie traf – spürte es ganz klar tief in meinem Inneren. Wenn du Zweifel hast, gib dir Zeit, um zu jener Klarheit zu gelangen. Wenn du jedoch sicher weißt, was du tun musst, zögere nicht. Es wird anstrengend sein, aber auch lohnenswerter, als du es jetzt vermutest.
Ganz wichtig ist natürlich – gehe einen Punkt, einen Raum nach dem anderen an. Wieder bildlich vorgestellt, kannst du nicht das komplette Haus renovieren, in welchem du wohnst. Du brauchst Ausweichmöglichkeiten, so viel Stabilität wie möglich und die Konzentration auf eine Baustelle.

🖉 Betrachte einen Bereich deines Lebens, den du grundlegend verändern möchtest. Welcher Aspekt oder welche Aspekte sind dir bereits bewusst? Einfach nur, dass es so nicht weitergeht? Eine ungefähre Vorstellung von dem, was du anstrebst? Ein ausgearbeiteter Bau- und Finanzierungsplan? Es ist nicht nötig, alle Details zu kennen, um etwas zu verändern.

📖 Bevor ich mit dem Trinken aufhörte, wusste ich lediglich Folgendes: Es geht so nicht weiter. Meine Vorstellung vom Endergebnis war: „Ich würde Rock'n Roll hören, Murmelbahnen basteln und allen erzählen, was ich über Blumen weiß." So formulierte ich meine damalige Vorstellung von einem nüchternen Alltag und obwohl ich in den vergangenen Jahren keine einzige Murmelbahn gebastelt habe, ist mein Leben doch genau so fröhlich und gesund geworden, wie sich diese Idee für mich anhört.

🖉 **Schreibaufgabe**

Schreibe einen Text über deine aktuelle oder zukünftige Baustelle. Darüber, welche Schwierigkeiten und welche Schönheiten sie mit sich bringt, über die Möglichkeiten, welche sie eröffnet, über das angestrebte Ergebnis. Du kannst den Fokus auf die Punkte legen, welche dir bereits bekannt sind – oder aber kreativ alle anderen Aspekte erforschen. Was immer dich motiviert oder auf eventuelle Hürden vorbereitet, ist der richtige Weg. Lasse dir Zeit und komme zu diesem Thema zurück, wann immer du das Bedürfnis danach hast. Vielleicht ist dir noch nicht allzu viel klar, doch Schritt für Schritt – vielleicht erst im Zuge der praktischen Umsetzung deiner angestrebten Veränderung, werden sich alle Erkenntnisse einstellen.

<u>Beziehungskisten</u>
<u>Verhältnisse reflektieren und wandeln</u>

In deinem Haus befinden sich verschiedene Beziehungskisten. Diese reichen sicher von ganzen Räumen bis hin zu verschlossenen Kartons, welche du in dunkle Ecken und Schränke gestopft hast, um sie nicht betrachten zu müssen. Trotzdem sind sie da und beanspruchen Platz. Um zu verstehen, welche Beziehungskisten sich in deinem Haus befinden, fertigst du eine Liste an, welche alle Menschen enthält, die in deinem Leben Bedeutung haben. Zudem alle Menschen, die in deinen Gedanken auftauchen und dabei mit Gefühlen verknüpft sind. Unterscheide zwischen dem bloßen Erinnern und dem Auftauchen von Emotionen beim Gedanken an jene Menschen.

Hast du dir einen Überblick über all deine Beziehungskisten verschafft, fällt dir vielleicht bereits auf, wie viel Raum sie jeweils einnehmen und welche von ihnen problematisch sein könnten. Insbesondere diesen solltest du dich widmen. Du kannst die folgende Übung in Bezug auf alle Beziehungen ausführen, solltest es aber unbedingt mit jenen Kisten tun, deren Inhalt du gerne verdrängst, oder welche Gefühle von Trauer, Schmerz, Wut, Angst und ähnliches bei dir hervorrufen.

༄ Nimm dir jeweils eine „Beziehungskiste" vor, für die du dich bereit fühlst. Wie ist sie beschaffen? Wie viel Raum und Zeit nimmt sie in deinem Leben und damit in deinem Haus ein? Pflegst du sie? Betrachtest du ihren Inhalt häufig? Gerne? Vielleicht gezwungenermaßen? Stell dir nun alles vor, was sich in dieser Kiste befindet. Erinnerungen, Situationen, Worte, Orte und Gegenstände. Betrachte sie genau und miste aus. Alles, was dir ein gutes Gefühl gibt, darfst du beiseite legen und später wieder in deinem Haus platzieren. Alles, was dir ein schlechtes Gefühl gibt, betrachtest du eingehender. Du musst es ausmisten. Du musst es loslassen. Kannst du das tun? Wenn es doch so schlecht und schmerzhaft ist, wieso willst du es behalten? Wieso willst du immer wieder daran denken? Was hast du davon? Ich sage dir: Du hast nichts davon. Wovon du etwas haben wirst, ist das Verzeihen. Betrachte das, was dir Kummer bereitet. Es ist da. Es existiert, ist passiert, es hat Bedeutung. Sobald du es loslässt, wird sich nichts daran ändern. Die Relevanz besteht nicht darin, dass du daran festhältst. Sie besteht so oder so. Betrachte es, akzeptiere es und schmeiß es weg. Lass es los, verzeihe.

Wenn du das nicht tun kannst, betrachte es länger. Erledige die Schreibaufgabe dazu. Versuch es erneut. Vielleicht hilft es dir auch, für besagte Person eine neue Kiste anzulegen. Eine neue Größe, ein neues Material, ein neues Etikett. Es liegt allein in deiner Hand, wie eure zukünftige Beziehung gestaltet und bezeichnet ist. Entscheide dich dafür, nur dem Schönen einen Platz zu schenken.

Wenn du es partout nicht loslassen kannst, weil die Beziehungskiste dir sonst verfälscht erscheinen würde, oder gar ganz leer wäre, gibt es nur eine Lösung: Du musst die ganze Kiste entsorgen.

Nur weil jemand oder etwas Einfluss auf unser Leben hatte, müssen wir es nicht behalten. Stell dir alle Spielsachen, Schnuller und Fläschchen vor, die du als Baby und Kleinkind hattest. Wo sind sie jetzt? Musstest du sie behalten oder war ihre Zeit einfach vorbei? Bist du nicht trotzdem ein Baby und Kleinkind gewesen? Hat dich die Erfahrung nicht dennoch geprägt? Wenn wir in unserem Haus allem einen Platz geben würden – wörtlich wie metaphorisch – hätten wir am Ende keinen Lebensraum mehr. Möchtest du in einem Museum leben oder in einer Wohnung? Möchtest du, dass alles so zugemüllt ist, dass sich Schmutz und Ungeziefer breit machen? Sicherlich nicht. Also musst du alles ausmisten, das du nicht brauchst. Und ich sage dir – alles, was sich schlecht anfühlt, brauchst du nicht. Du hast die Erfahrungen trotzdem gemacht, hast gelernt und dich verändert. Lass los und nutze den neu gewonnenen Platz für deine geliebten Beziehungskisten. Um diesen mehr Raum zu geben, rate ich auch dazu, alle Kisten auszumisten, deren Menschen sich nicht mehr in deinem Leben befinden. Sie werden trotzdem ihren Platz darin gehabt haben. Gehabt haben. Mehr zum Thema Loslassen findest du unter → <u>Selbstwert</u>.

Nun geht es darum, deine bestehenden Beziehungen zu pflegen. Welche Worte und Erlebnisse würdest du den Kisten gerne hinzufügen? Welche Aktivitäten bereichern deine Beziehungskisten? Lege sie in Zukunft hinein. So bereicherst du nicht nur dein eigenes Leben, sondern schenkst auch etwas Schönes für die Kisten jener Menschen. Schließlich haben auch sie einen Platz für dich in ihrem Haus.
Natürlich gibt es auch Ausnahmen: Abgeschlossenes und Trauriges, das du aus gutem Grund behalten willst – etwa, weil dich der Gedanke daran stark macht, oder die Kiste zu einer geliebten, verstorbenen Person gehört. Auch gibt es Menschen, die gezwungenermaßen in deinem Leben sind, deren Kisten du also lediglich ändern und nicht entsorgen kannst. Vielleicht beschäftigen dich auch manche Verhältnisse, deren Verarbeitung schmerzhaft, oder nur langsam und schrittweise möglich ist. Ihnen kannst du dich unter → <u>Wurzeln</u> widmen.

✏ Schreibaufgabe

Wähle etwas aus dem Inhalt einer Beziehungskiste und schreibe darüber. Es kann ein Gegenstand sein, ein Ort, eine Situation, eine Erinnerung – was immer dir bedeutungsvoll erscheint. Betrachte es ehrlich und beschreibe seine Bedeutung für die gesamte Beziehung. Ist es repräsentativ für den restlichen Inhalt der Kiste? Oder steht es im Kontrast dazu? Schildere alle Gedanken und Gefühle, welche es bei dir auslöst. Erkläre, wieso du es behalten oder loswerden willst und wie du dies zu tun gedenkst. Vielleicht willst du es in Zukunft häufiger abstauben, also aufleben lassen, oder an einem hübschen Ort präsentieren? Vielleicht willst du es um etwas anderes ergänzen oder es vielleicht ersetzen? Fällt es dir leicht, es loszulassen, oder schwer? Möchtest du etwas ähnliches vielleicht anderen Beziehungskisten hinzufügen, oder aus ihnen entfernen?

Schreibe über alles, was du eingehender betrachten, was du wahrhaftig wertschätzen oder loswerden möchtest. Wichtig ist bei dieser Übung, deine Gefühle zuzulassen und ehrlich zu Papier zu bringen.

DER GARTEN

Unkraut
Nutzloses von Nützlichem unterscheiden und ausmerzen

Um Unkraut von den Pflanzen zu unterscheiden, welche uns nützen und erfreuen, reicht es nicht, unsere Gedanken in positiv und negativ einzuteilen. Denn auch die Beschäftigung mit Negativem kann hilfreich oder gar notwendig sein, Positives möglicherweise nur eine Form von Verdrängung.

⌛👁 Betrachte deinen Gedanken oder dein Gefühl also genau: Taucht es immer wieder auf? Woran erinnert es dich? Wo liegt seine Wurzel? Kann es Früchte tragen? Früchte könnten eine erfolgreiche Verarbeitung der Vergangenheit sein, ein Erkennen von Schwächen und Ängsten, ein Eingestehen von Fehlern – aber auch das Umsetzen einer Idee, das Beginnen eines Projektes, das Erlernen neuer Fähigkeiten und Gewohnheiten. Ist das einzige, was dir die Beschäftigung mit diesem Gedanken oder Gefühl in Zukunft bringen könnte ein resigniertes „ich hab es ja geahnt" oder ein beschränkender Einfluss auf deine Handlungen? Dann ist es wohl Unkraut. Für den sinnvollen Umgang mit deinem Garten, darfst du es aber nicht einfach ignorieren. Du musst es an der Wurzel packen und bewusst ausreißen. Vielleicht hilft es dir, unterschiedliche Haufen für dein gejätetes Unkraut anzulegen – sortiert nach deren Ursprung oder Konsequenz. Hier kommt alles hin, was auf meinem alten Trauma gewachsen ist. Es ist wieder Vorsicht geboten! Lockert der Gedanke den Boden deiner Erfahrung auf, sodass etwas Neues darauf wachsen kann? Oder nutzt er diesen ledig-

lich, um sich auszubreiten und stark zu werden? Hier kommt alles hin, was mich daran hindert, neue Erfahrungen zu sammeln. Vielleicht bemerkst du auch, dass manche Menschen die Kapazität deines Gartens auf negative Art fordern, dass sie Sorgen und Zweifel bei dir säen, oder deine Freude an Zierpflanzen mindern. Ich würde dir raten, die Beziehungen zu diesen Menschen mithilfe von → Beziehungskisten zu untersuchen – möglicherweise handelt es sich bei ihnen um Schädlinge, die du aus deinem Garten verbannen solltest.
Betrachte immer so gut du kannst die Wurzel deiner Gedanken und Gefühle. Irgendwann wirst du einige Pflänzchen auf Anhieb erkennen und die Unterscheidung zwischen denen, welche du ausrupfen solltest und jenen, die deine Zuwendung und Pflege brauchen, wird dir immer leichter fallen.

✍ Betrachte nun alles, was dir in Kopf und Herzen herumschwirrt und schreibe es auf. Jeder Gedanke, der ein positives oder neutrales Gefühl bei dir hervorruft, ist kein Unkraut und kann für diese Übung außer Acht gelassen werden. Markiere die entsprechenden Gedanken (deine Nutz- und Zierpflanzen), oder notiere sie auf einer gesonderten Seite. Betrachte nun alles, was übrig bleibt und versuche, diese Stichpunkte in die folgenden drei Kategorien einzuordnen:

1. Ich kann etwas daran ändern
2. Ich kann nichts daran ändern
3. Ich weiß nicht, ob ich etwas daran ändern kann

Lege für jede Gruppe ein neues Blatt oder eine neue Seite in deinem Dokument an und lasse ausreichend Platz für Notizen. Nimm dir nun eine Kategorie nach der anderen vor.

1. **Ich kann etwas daran ändern:**
   Schreibe die mögliche Veränderung neben den Gedanken. Handelt es sich dabei um eine Tat, das Einholen von Informationen oder um eine Wandlung deiner inneren Einstellung? Notiere, was du benötigst, um diese Änderung durchzuführen.
2. **Ich kann nichts daran ändern:**
   Alle Gedanken, an deren Ursprung oder Thema du nichts ändern kannst, kennen nur zwei mögliche Lösungen: Trennung oder Akzeptanz
   Versuche, zu bestimmen, welches der richtige Ansatz für jeden einzelnen Gedanken ist. Kannst du mit ihm und seiner Wurzel Frieden schließen? Oder solltest du das Thema komplett aus deinem Leben streichen? In diese Kategorie fallen beispielsweise Dinge wie Bedauern und Schmerz in Bezug auf Vergangenes sowie Sorgen und Furcht in Bezug auf Unvermeidliches. Um dein Leben zu erleichtern, kannst du die Situation und alle mit ihr verknüpften Gedanken entweder annehmen, oder beenden bzw. vergessen. Es ist absolut nicht nötig, sich mit Negativem zu belasten, sofern du am Kern der Sache nichts ändern kannst. Es ist allerdings auch nicht gesund, deine negati-

ven Gedanken und Gefühle zu leugnen. Betrachte sie, akzeptiere sie für das, was sie sind und sage dir selbst: „Ich habe mich gedanklich und emotional genug damit beschäftigt. Es ist erledigt. Ich kann mich anderen Dingen zuwenden." Hast du das Gefühl, weder akzeptieren noch loslassen zu können, gehört dieser Punkt entweder in die erste bzw. dritte Kategorie – oder du musst dir einfach ein bisschen Zeit lassen, um die Unveränderlichkeit besagter Thematik zu akzeptieren. Es kann auch sein, dass hier eine tiefere Wurzel, ein unverarbeitetes Trauma vorliegt. Dies kannst du unter → Wurzeln genauer untersuchen.

3. **Ich weiß nicht, ob ich etwas daran ändern kann:** Die wohl komplizierteste Kategorie. Untersuche die einzelnen Gedanken und Gefühle genauer. Könntest du an deiner inneren Einstellung etwas ändern? Würden andere Umstände und Bedingungen einen Unterschied machen? Notiere dir, unter welchen Voraussetzungen du die einzelnen Punkte einer anderen Kategorie zuordnen würdest. Liegen diese innerhalb oder außerhalb deiner Macht? Nun fällt es dir vielleicht leichter, zu erkennen, ob du etwas verändern kannst, oder nicht. Solltest du immer noch ratlos sein, lass dir Zeit. Wenn du es schaffst, ehrlich zu dir selbst zu sein, wirst du die Klarheit früher oder später erlangen.

Betrachte nun deine Notizen, dein Unkraut. Dass es sich um Unkraut handelt, bedeutet nicht, dass es keine Relevanz hat, oder nicht existieren sollte. Auch in einem tatsächlichen Garten wäre das Sprießen von Unkraut natürlich und normal. Wichtig ist bei der Gartenpflege lediglich, die Pflanzen als solche zu bestimmen und so gründlich wie möglich zu entfernen. Unkraut für sich genommen ist nicht schlecht. Doch der Boden enthält begrenzte Nährstoffe, seine Ressourcen müssen bestmöglich für Nutz- und Zierpflanzen bereit stehen. Auch im übertragenen Sinne entzieht das Unkraut allem Nützlichen die Nahrung. Jeder Mensch hat begrenzte Kapazitäten, hat eine bestimmte Menge an Zeit, Kraft und Aufmerksamkeit. Dein Ziel sollte also sein, für alle nutzlosen Gedanken entweder einen Zweck zu finden – z.B. indem sie eine Änderung oder Akzeptanz gewisser Umstände herbeiführen – oder aber, sie an der Wurzel zu packen und rigoros zu entfernen. So werden deine Ressourcen frei für alles, was dich erfreut oder weiter bringt.

Wie auch in einem Garten ist es jedoch wichtig, nicht zu verdrängen, sondern wirklich genau hinzusehen. Denn würde man das Unkraut ignorieren, würde man sein Vorhandensein leugnen, könnte es ungestört und ungehemmt wachsen, dem Boden alle Nährstoffe entziehen und sämtliche anderen Pflanzen überwuchern.
Sei also ehrlich zu dir selbst, akzeptiere deine Wut, deine Sorgen, deine Trauer und Probleme. Mach dir bewusst, dass ihr Vorhandensein natürlich und nur dein Umgang mit ihnen entscheidend ist.

🖉 Schreibaufgabe

Wähle einen oder mehrere Punkte aus deiner Liste mit Unkraut aus und benenne Beschaffenheit, Ursprung sowie Nutzen bzw. Nutzlosigkeit so konkret wie möglich. Beschreibe, wie du den Gedanken entweder an der Wurzel packst und ausrupfst, oder im Boden lässt, damit er diesen auflockern bzw. dich zu seinem zugrundeliegenden Wurzelgeflecht führen kann. Überlege dir, was du mit dem Pflänzchen anstellst – wirst du es verbrennen, zu Kompost verfallen lassen oder als Tierfutter verwenden? Welches Bild hilft dir am besten dabei, das Thema loszulassen? Schildere deine nun frei gewordene Ackerfläche. Welche konstruktiven Gedanken können sich nun besser ausbreiten und entwickeln? Welche Pläne und Ideen könntest du anstelle deiner Sorgen säen?

Beschreibe so gut du kannst die Diskrepanz zwischen dem vorangegangenen Zustand der Überwucherung deines Gartens von Unkraut und dem aktuellen, dank deiner Pflege, nützlichen Boden. Vielleicht kannst du auch bereits erkennen, welche Pflänzchen sich wohl wieder ausbreiten, ja sogar täglich sprießen werden und dich darauf vorbereiten, diese wieder zu entfernen. Vielleicht haben sich manche Themen auch bereits erledigt, da du sie nun betrachtet und anerkannt, bewusst für nutzlos befunden und aus deinem Leben gestrichen hast. Schreibe, dass du heute zufriedenstellende Arbeit geleistet hast, denn das Ausreißen deiner destruktiven Gedanken ist mindestens ebenso anstrengend und nützlich, wie tatsächliches Unkraut-Jäten.

Nutzpflanzen
<u>Pläne, Ideen und Projekte</u>

Wie die Pflanzen brauchen deine Projekte Licht, Wärme und Nahrung sowie einen Grund, in den sie Wurzeln schlagen können. Diese Komponenten helfen dir dabei, Pläne und Ideen von Tagträumen und Spinnereien zu unterscheiden. Denn selbst wenn du letzteren deine Aufmerksamkeit zukommen lässt, fehlt ihnen doch der Untergrund. Gemeint sind alle Vorstellungen, die du in deinem Leben nicht aussäen kannst. Wahre Ideen und Pläne sind jedoch Nutzpflanzen, die eines Tages dank deiner Fürsorge Früchte tragen können. Selbst wenn du davon weit entfernt bist, lässt sich doch erkennen, welche Vorstellungen für dich umsetzbar sind und welche nicht. So ist der Gedanke, Profisportler zu werden, ab einem gewissen Alter schlicht kein Plan mehr. Denn hierbei handelt es sich um einen Baum, den du in jungen Jahren hättest setzen und täglich pflegen müssen, um ihn rechtzeitig zu voller Größe heranzuziehen. Den Samen für eine passable sportliche Betätigung kannst du jedoch jederzeit ausbringen – ebenso wie für viele andere Dinge.
Versuche, den ersten Schritt, besagten Samen für dein vorgestelltes Endziel, zu finden. Du möchtest belesen sein? Beginne damit, ein Buch zu lesen. Du möchtest kreativ tätig sein? Nimm dir Zeit dafür. Bei deinen Ideen und Plänen handelt es sich deshalb um Pflanzen, weil sie gewissermaßen ganz von alleine groß und stark werden. Was sie dafür brauchen, ist deine Zeit, deine Aufmerksamkeit, deine Fürsorge und insbesondere deine Geduld.

Kein Trick der Welt lässt Pflanzen schneller wachsen, als es von ihnen vorgesehen ist. Führe dir immer wieder vor Augen, dass Geschwindigkeit bei Plänen und Projekten kein Qualitätsmerkmal darstellt.

Um deinen Garten möglichst ertragbringend zu gestalten, musst du konsequent gegen → <u>Unkraut</u> vorgehen und lernen, mit jedem → <u>Wetter</u> umzugehen. Widme deinen Nutzpflanzen Zeit und Raum in deinem Alltag und überfordere dich nicht mit dem Versuch, zu viele gleichzeitig heranziehen zu wollen. Denn sie brauchen deine regelmäßige Fürsorge. Wie diese aussieht, hängt ganz von ihrer Natur ab. Wichtig ist, dass du begreifst: Alles geht Schritt für Schritt, in seinem eigenen Tempo und manchmal unbemerkt vor sich.

⧖ 👁 Was deinen Ideen und Plänen gut tut, kannst du durch genaue Beobachtung erkennen. Ob dich ein Spaziergang, ein Spielfilm, ein Vollbad, ein Gespräch mit Freunden, Meditation oder die Hausarbeit inspirieren und motivieren – oder etwas ganz anderes – merke dir, was es ist und integriere es so regelmäßig wie möglich in deinen Alltag. Nutze jene Inspiration und Motivation, um deine Pflanzen zu pflegen. Es werden Babyschritte sein, die dich letztendlich zu einem großen Ziel bringen. Der Roman entsteht Wort für Wort, das eigene Geschäft mit jedem Punkt im Businessplan, die Investition mit jedem gesparten Euro und die Professionalität mit jeder gespeicherten Information, jedem ausgeführten Arbeitsschritt.

Falls es dir ergeht wie mir und du dir vor dem Einschlafen oder auf Autofahrten viele Gedanken machst, wirst du erkennen, welch ungemeines Potential derartige Zeiten bieten, um deinen Garten ertragreich zu machen.

📖 Ich habe Jahre damit verbracht, mir Vergangenes wieder vor Augen zu führen, mir unmögliche, teilweise sogar unerwünschte, Szenarien vorzustellen und hatte selbstverständlich nichts davon. Seit ich mich gedanklich auf alles fokussiere, was mir zukünftig von Nutzen sein kann, geht mir das Leben leichter von der Hand. So ist auch der Inhalt dieses Buchs von mir zum Großteil in Gedanken erarbeitet worden, welche ich mir anstelle weniger produktiver Tagträume gemacht habe.

Bei deinen Nutzpflanzen kann es sich auch um Beziehungen handeln. Im Gegensatz zur praktischen Gestaltung jener (s. → Haus), geht es dabei um den Gefühlsaspekt. Du kannst deine emotionale Bindung zu Menschen ebenso pflegen, wie deine Pläne und Ideen – indem du ihnen Zeit und Aufmerksamkeit schenkst. Diesen Aspekt wollte ich lange nicht wahrhaben. So bildete den Grundstein meiner Untreue in Beziehungen meistens das Fokussieren auf Pflanzen, welche nicht in meinem Garten wuchsen. Auf Menschen, die nicht meine Partner waren. Schenken wir unseren Beziehungen jedoch keine Fürsorge, gehen sie ein und wir neigen dazu, sie dafür zu beschuldigen, während es unser eigenes Verhalten war, das dieses Ergebnis verursacht hat. Seit mir dieser Umstand bewusst ist, konnte ich nicht nur romantische Beziehungen, sondern auch mein Verhältnis zu Familienmitgliedern und Freundschaften verbessern.

✏ Schreibaufgabe

Schreibe nun deine eigene Erfolgsgeschichte. Nimm dir ein Ziel oder mehrere Ziele vor und beschreibe deinen Weg dorthin. Auch Glück und Zufall dürfen eine Rolle spielen. Visualisiere klar und deutlich, wo du hin willst und schreibe: „Alles begann damit, dass...". Starte mit dem von deiner Position aus nächstgelegenen Schritt und beschreibe – ohne zeitliche Angaben – deinen gesamten Weg bis zum Ziel. Beobachte, welche Faktoren dabei in deiner Hand liegen, behalte sie im Kopf und setze sie um, sobald die Zeit gekommen ist.

Falls du kein Ziel hast, solltest du eines finden. Es kann noch so klein und unbedeutend sein, noch so verrückt oder schwer zu erreichen – Hauptsache, dein Leben enthält etwas, auf das du hinarbeiten kannst. Es geht dabei weniger darum, etwas zu schaffen, oder zu leisten, als um die gewinnbringende Befriedigung und Motivation eines unvollendeten Projektes, einer kreativen Selbstverwirklichung, einfach einer Idee, die dein Leben erweitert.

Wetter
Gefühle und Stimmungen

Ebenso wie das Wetter die Landwirtschaft beeinflusst, haben deine Gefühle, Stimmungen und Verfassungen Konsequenzen für deinen Garten. Ebenso wie das Wetter kannst du diese nicht ändern, lediglich verdrängen – was ungesund ist und du daher nicht tun solltest – oder einen konstruktiven Umgang damit erlernen.

🕊 Der erste und wichtigste Schritt ist hierbei die Akzeptanz. Betrachte deine Stimmung ehrlich und erkenne sie an: „Ich fühle mich gerade..." Wie? Nach Sonnenschein, bei welchem du gefestigt und motiviert im Garten arbeiten kannst? Prächtig! Nach strömendem Regen, bei welchem du lieber im Bett bleiben würdest? Kein Problem! Zwar lässt der Regen oft das → Unkraut sprießen, doch werden noch genügend Tage kommen, an welchen du dich mit diesem beschäftigen kannst.

☝ Manchmal befinden wir uns vielleicht in einer Krise, die plötzlichem Frost ähnelt und alles zum Erliegen bringt, manche Projekte sogar absterben lässt. Dies ist der natürliche Lauf der Dinge und darf von dir als solcher hingenommen werden.

Schlechtes Wetter sollte die richtige Zeit sein, um deinen Garten ruhen zu lassen, oder aber dich mit diesem theoretisch auseinander zu setzen. Samen sortieren, Ideen für seine Gestaltung sammeln und Unterstützung für deine Pflanzen planen. Denn neben dem Jäten von Unkraut gehört auch die Aufmerksamkeit für deine Nutz- und Zierpflanzen zur Gartenpflege.
Während → Nutzpflanzen alle Pläne, Projekte und Ideen verkörpern, die dir einen reellen oder abstrakten Ertrag versprechen, handelt es sich bei Zierpflanzen um sämtliche schönen Gedanken, welche auf den ersten Blick keinen Nutzen haben. Doch auch sie erfüllen eine wichtige Funktion: Du kannst dich an ihnen erfreuen – selbst, wenn das Wetter schlecht ist. Oft fällt es jedoch schwer,

sie durch Nebel und Regenschauer zu erkennen. Nimm dir deshalb am besten täglich die Zeit, alle Momente, Themen und Gedanken aufzuschreiben, welche dich haben schmunzeln lassen, dich erfüllt und begeistert haben – dann lies dir deine Notizen insbesondere an jenen Tagen durch, an denen du nichts positives finden kannst.

Doch es ist nicht nötig, sich krampfhaft auf das Gute zu fokussieren. Wie das Wetter haben auch unsere Stimmungen und Gefühle einen notwendigen Zweck – egal, ob wir diese als positiv oder negativ wahrnehmen. So ist es nur natürlich, dass unser Leben Negativität (im Sinne von Trauer, Wut und Schmerz) beinhaltet. Wie auch die Atmosphäre nicht unendlich viel Wasser aufnehmen kann, ohne es wieder abzugeben, nicht auf ewig Spannungen halten, ohne sich zu entladen, so müssen auch wir es ab und zu regnen lassen, damit wieder die Sonne scheint und losdonnern, um unser Gewitter letztendlich in Grenzen zu halten. Die Gesellschaft tut gerne so, als sollten negative Gedanken und Gefühle gar nicht erst existieren, was dazu führt, dass wir uns in Verdrängung und Ablenkung üben. Natürlich kann dies akut helfen, den Schmerz in bestimmten Momenten zu lindern, oder uns unter Kontrolle zu behalten, bis wir uns in einem geschützten Rahmen befinden. Die Gedanken und Gefühle verschwinden dadurch jedoch nicht. Sie verschwinden, indem sie verarbeitet werden.
Dazu gehört als erster Schritt die Akzeptanz: Anzuerkennen, dass sie existieren und ihre Berechtigung haben. Im weiteren Verlauf der Verarbeitung gehört es auch dazu,

ihnen Luft zu machen und Raum zu geben – in Form von Weinen, Lethargie, Wutausbrüchen, kreativem Ausdruck und ähnlichem. Dies nicht zu tun, lässt Wasser und Spannung in deiner Atmosphäre verweilen, bis du möglicherweise platzt.

📖 Ich selbst versuchte jahrelang, meinen Kummer zu ignorieren und wurde auf diese Art alkoholabhängig. Nüchtern war ich mit allem Negativen konfrontiert, das ich in dieser Zeit weder betrachtet noch zugelassen oder verarbeitet hatte. So häuften sich Traumata, Kummer und Probleme an, die meine Furcht vor einem nüchternen Leben verstärkten. Ich dachte: „Wenn ich nicht mehr verdränge, wird dieser Berg mich bereits am ersten Tag erschlagen und unter sich begraben." Doch als ich tatsächlich nüchtern wurde, erlebte ich etwas Erstaunliches. Zwar trafen mich meine aufgestauten Gedanken und Gefühle mit voller Wucht, doch jeden Tag wurde die Last kleiner. Dadurch, dass ich mich mit ihr konfrontieren musste, lernte ich zwangsläufig, sie zu akzeptieren und Wege zu finden, um mit ihr umzugehen. Was auch immer ich zuließ, verschwand vielleicht nicht, wurde jedoch plötzlich leicht zu ertragen. Es mag wie ein Paradoxon wirken, doch betrachten wir die Natur, ist dieser Effekt ganz logisch. Ich war wie eine Atmosphäre, die immer mehr Wasser aufnahm und immer größere Spannung aufbaute. Dadurch war es jahrelang ständig bewölkt, dadurch bereitete ich mir dauerhafte Kopfschmerzen. Meine Erde wirkte unfruchtbar, da sie weder bewässert noch von der Sonne beschienen wurde. Nichts konnte mehr blühen und mich erfreuen, keine Ideen und Pläne mehr wachsen. Wenn es regnet, verschwinden jedoch die Wolken und mit einem Gewitter der Schmerz. Ich fühlte mich wie reingewaschen, atmete auf, wie die Natur nach einem Schauer, und konnte – wie bewässerte Erde – meine Erfahrungen zum Wachsen nutzen.

⌛👁 Nimm dir ein Beispiel an bzw. in der Natur: Suche dir eine bewachsene Stelle in deinem Garten, auf deinem Balkon, oder Pflanzen, die du von deinem Fenster aus sehen kannst. Betrachte sie täglich, beschreibe in deinem Kopf, was du siehst. Eine Pflanze wird jedes Mal anders wirken und doch ändert sich nichts an ihrem Wert. Sie muss sich dem Wetter anpassen, weil sonst ihre Samen nie reifen würden, ihre Blüten im Frost erfrieren, sie generell Schaden nehmen würde – genau so sind auch die Menschen beschaffen. Wir sind Wesen der Natur und nicht der immer gleichen Betonfassade, sind nicht aus unzerstörbarem Plastik und sollten aufhören, uns an diesen künstlichen Maßstäben zu messen.
Denn neben der Verdrängung von Negativem ist auch dies ein häufiger Fehler: Die Vorstellung, alles aushalten zu müssen. Hier zeigt uns ebenfalls die Natur, was für ein Unsinn das ist. Niemand erwartet von uns, ohne Regenschirm oder Kapuze im Regen herum zu spazieren. Jeder versteht, dass man vor Blitzen und Sturm Schutz suchen muss. Wieso tun wir so, als sollten wir im Sturm unserer Gefühle stehen können, ohne uns beugen zu lassen? Wieso versuchen wir ein Pendant zu „es regnet in Strömen, aber ich sonne mich trotzdem"? Die Antwort liegt

in der Leistungsgesellschaft. Wir definieren unseren Wert beinahe nur noch anhand unserer Funktionsfähigkeit – als seien wir Maschinen. Doch selbst Maschinen funktionieren nur unter gewissen Bedingungen und für uns, als organische Wesen ist die Anpassung an unsere Gefühle eine notwendige Funktion. So wie jene Pflanzen am besten „funktionieren", die erst nach dem letzten Frost zu blühen beginnen. Wir aber leben oft mit der Vorstellung, unsere Blüte auch im Schneegestöber zeigen zu müssen, um ein wertvolles Mitglied der Gesellschaft zu sein.

Wir müssen also lernen, das Wetter – die Schwankungen und unterschiedlichen Phasen unserer Gedanken und Gefühle – als etwas notwendiges und natürliches anzunehmen. Wir müssen üben, uns anzupassen und einen bestmöglichen Umgang zu erlernen – anstelle der bestmöglichen Verdrängung oder Ignoranz. Auch deine negativen Gefühle verdienen Akzeptanz und Aufmerksamkeit – wenn sie diese nicht bekommen, können sich chronische Krankheiten, Süchte und andere belastende Mechanismen entwickeln. Auch wird ein Verständnis deiner Gefühle und Stimmungen den Umgang mit alltäglichen Situationen bzw. deinen Mitmenschen erleichtern. Viel zu oft gehen wir davon aus, jemand oder etwas hätte Wut, Trauer, Frust oder Ähnliches bei uns hervorgerufen, während wir uns in Wahrheit bereits davor in der entsprechenden Verfassung befanden. Äußere Einflüsse bilden so oft lediglich den Tropfen, der das Fass zum Überlaufen bringt.

Du kannst durch diese Erkenntnis und geduldiges Beobachten klarer sehen, was dich tatsächlich und für sich genommen stört – im Unterschied zu allem, das dich in bestimmten Momenten oder Zuständen provoziert und frustriert. Dies erleichtert dir nicht nur den Umgang mit anderen, sondern hilft dir darüber hinaus dabei, den wahren Ursprung deiner Gefühle zu adressieren und zu verarbeiten.

✏ **Schreibaufgabe**
Nimm einmal an, allen Gefühlen und emotionsgeladenen Gedanken läge ein System zugrunde, das dem unseres Klimas und Wetters ähnelt. Versuche, dein ganz persönliches System so zu erklären, wie Kindern in der Schule der Wasserkreislauf beigebracht wird. Sicher gibt es in deinem System Einflüsse, die Konsequenzen haben. Vielleicht hast du einen der Sonne ähnlichen Glauben – etwas, das auch verborgen vorhanden ist, dich lediglich nicht so sehr wärmt. Vielleicht sind deine Gefühle abhängig von Zyklus, Tages- und Jahreszeit, von Ereignissen in deinem Umfeld, Aussagen anderer oder allem, was du erlebst. Vielleicht liegen ihre Auslöser in Hunger, Müdigkeit, Sport, Sexualität oder Medienkonsum – vielleicht haben einige auch keinen bestimmbaren Ursprung.
Versuche, so detailliert wie möglich zu begreifen und zu beschreiben, welche Gefühlsformen deinen Alltag prägen, ob ihnen eine Struktur zugrunde liegt und welchen Einfluss sie wiederum auf deine Lebensgestaltung haben. Je mehr du die Hintergründe deiner emotionalen Reaktionen begreifst, desto weniger Macht räumst du ihnen ein und misst ihnen dennoch das ausreichende Maß an

Bedeutung bei.

Es ist nicht nötig, bei allen Gedanken und Gefühlen einen positiven Nutzen zu erkennen, obwohl dir dies vielleicht gelingt – das wichtigste ist, sie zu beobachten sowie ihren Ursprung und ihre Wirkung so gut wie möglich zu begreifen.

Tipp: Egal, ob du sie verstehst oder nicht, ist es immer eine gute Idee, deinen Gefühlen und Stimmungen Ausdruck zu verleihen. Ob du schreist, weinst oder singst, vor Freude hüpfst oder sehnsüchtig tanzt – körperliche Reaktionen und jede Art von Sport sind ein großartiges Ventil. Ebenso kann es helfen, dein Innenleben kreativ nach außen zu bringen: Schreibe, male, bastle und kümmere dich nicht darum, wie das Ergebnis ausfällt – seine Qualität liegt in der Verarbeitung deiner Gefühle! Vielleicht gibt es auch Menschen, mit denen du über deine Gefühle sprechen möchtest. Dies kann ungewöhnlich wirken, da wir gerne so tun, als sei alles in Ordnung – es wird jedoch auf beiden Seiten für mehr Offenheit und Verständnis sorgen.

Wurzeln
Ungelöstes, das betrachtet werden will

Achtung: *Im Folgenden verwende ich häufig das Wort „Trauma". Zwar habe ich ein paar Erfahrungen gemacht, welche ich persönlich so bezeichnen würde – sie sind jedoch weder diagnostiziert noch vergleichbar mit den teils*

gravierenden Traumata anderer Menschen. Ich bin daher keine Expertin auf dem Gebiet und bin sowieso keine Therapeutin.
Daher geht es in diesem Kapitel ausschließlich um tiefe Verletzungen als Wurzel wiederkehrender Sorgen und Gedanken – in einem Rahmen, welchen ich selbst durchlebt habe. Derartige Verletzungen können jedoch Konsequenzen haben, denen meine Ratschläge nicht gewachsen sind. Solltest du ein unverarbeitetes Trauma haben oder vermuten, wende dich bitte an Menschen, welche dir die nötige professionelle Hilfe zukommen lassen können.
Auch kann die gedankliche Beschäftigung mit diesem Thema potentiell jeden Menschen auf Erlebnisse aufmerksam machen, die ihm so nicht bewusst waren. Dieses Kapitel solltest du also nur lesen, wenn du dich gefestigt und wohl fühlst. Spüre in dich hinein, halte deinen Notfallplan bereit und breche die Lektüre ab sobald du merkst, dass sie dir nicht gut tut.

Vielleicht wirst du beim Versuch, unerwünschte Gedanken und Gefühle auszurupfen, feststellen, dass diese immer wieder auftauchen. Dabei handelt es sich vermutlich um Themen, die tiefe, unterirdische – also verborgene oder verdrängte – Wurzeln haben, welche du für ein erfolgreiches Bekämpfen der Pflanze unbedingt adressieren musst. Möglicherweise gestalten sie sich wie ein Pilzgeflecht, dessen Fruchtkörper gewissermaßen nur die Spitze des Eisberges sind, während sich der Großteil unbemerkt durch deinen gesamten Ackerboden ziehen könnte. Zumeist handelt es sich dabei um Traumata, schmerzhafte Erfahrungen, ungelöste Probleme aus der Kindheit oder Ähnliches. Erst, wenn du die Wurzel wirklich betrachtest, kannst du dich von diesen Themen befreien. Es ist zwar schwierig, aber durchaus möglich und sehr hilfreich. Beschäftige dich mit diesen Themen aber nur, wenn du dich stabil fühlst und einen Notfallplan für den Fall vorbereitet hast, dass dich etwas zu sehr mitnimmt. Wie viele lebensverändernde Prozesse ist auch dieser potentiell lang. Von dem Zeitpunkt, an welchem du eine Wurzel vermutest, über das Erkennen und Untersuchen jener, bis hin zum tatsächlichen Ausreißen, können Jahre vergehen. Auch ist es vollkommen normal, dass derart tief verankerte Probleme nie ganz verschwinden, sondern immer wieder auftauchen und bewusst bekämpft werden müssen.

Meist fußen unsere negativen Gedanken und Gefühle auf Annahmen, oder Glaubenssätzen, deren Wurzel im Dunkeln liegt. Der erste Schritt besteht darin, zunächst jene Annahmen zu erkennen und in Frage zu stellen. Schließlich gibt es durchaus Wissen, das zurecht Sorgen hervorruft, z.B. „wenn ich mein Immunsystem nicht stärke, oder mich nicht warm genug anziehe, kann ich mich erkälten" oder „wenn ich im Hochsommer draußen esse, könnten Wespen kommen". Neben diesen allgemeingültigen Glaubenssätzen finden sich in deinem Bewusstsein und Unterbewusstsein jedoch auch solche, die durch deine eigenen, subjektiven Erfahrungen entstanden sind – wobei die meisten vermutlich keine Gültigkeit besitzen, bzw. das von dir verinnerlichte, mögliche Ergebnis weitaus unwahrscheinlicher ist, als in deiner Vorstellung.

📖 Als Beispiel möchte ich dir von mir erzählen. Als ich vierzehn Jahre alt war, wurde ich in der Schule gemobbt. Mein Vertrauen in meine Mitschüler:innen wurde missbraucht. Mein Gefühl, Teil einer Gruppe zu sein, wurde ins Gegenteil verkehrt. Meine Annahme, durch ein sozialverträgliches Verhalten auf Akzeptanz zu stoßen, wurde widerlegt.
Ich verarbeitete diese Zeit nicht wirklich. Verdrängte sie und alles, was damit zusammenhing. Doch in meinem Unterbewusstsein entstand aus jenem Trauma ein Pilzgeflecht negativer Glaubenssätze. Es äußerte sich auch Jahre später noch in einer – für mich zunächst unerklärlichen – Furcht vor Gruppensituationen. Insbesondere die Konfrontation mit fremden Menschen, beispielsweise das Kennenlernen von neuen Kolleg:innen, oder den Freund:innen meiner Partner, rief bei mir unweigerlich den Gedanken hervor, diese Menschen würden mich hassen, verurteilen und verletzen. Erst, als ich diesen Glaubenssatz erkannte und verstand, dass er allen vergleichbaren Situationen zugrunde lag, konnte ich mich auf die Suche nach seinem Ursprung begeben und stieß so auf meine Mobbing-Erfahrung. Durch das Betrachten dieser wurde mir die Ähnlichkeit aller immer wieder auftauchenden Gefühle mit den damaligen Gefühlen bewusst. Ich begriff, dass mich jenes Erlebnis prägte, als besäße es dauerhafte Gültigkeit. Doch ich bin nicht mehr der Mensch, der ich mit vierzehn Jahren war, neue Grup-

pen sind nicht meine Mitschüler – beinahe nichts an der traumatischen Situation ähnelt irgendeiner der nachfolgenden Situationen.

Versuche, deine Wurzel zu finden, indem du dich fragst, wann du dich in vergleichbaren Szenarien erstmals so gefühlt hast, wie auch heute noch. Vielleicht bist du dir deiner schmerzhaften Erlebnisse auch so bewusst, dass du umgekehrt verfolgen kannst, welche Konsequenzen sie jeweils hatten. Wie bei einem Spiel, in dem du ähnliche Dinge einander zuordnen musst, kannst du so Verknüpfungen zwischen Auslöser und Folge suchen.
Doch achte unbedingt darauf, dich nicht zu überfordern, oder mit etwas zu konfrontieren, für das du dich nicht bereit fühlst. Auch sollte dir bewusst sein, wie natürlich das Entwickeln und Leben jener Folgen ist. Dass wir in diesem Kapitel versuchen, etwas daran zu ändern, bedeutet nicht, dass deine Reaktion falsch ist, oder dass du sie um jeden Preis loslassen musst. Je nachdem, wie belastend deine Wurzel für dich ist, darfst und solltest du dir professionelle Unterstützung bei der Verarbeitung suchen.

Wenn du deine Ursprungssituation, dein zugrundeliegendes Trauma bestimmt hast, kannst du daran arbeiten, alle anderen Situationen davon zu lösen. Wieso sollte die neue Situation, Konstellation, oder Beziehung so sein, wie eine vorangegangene? Wo liegen die Konstanten, wo die Variablen? In Wahrheit dürfte alles variabel sein, da sich Menschen – nicht zuletzt du selbst – sowohl wandeln als auch von ihrer akuten Verfassung, oder von Umständen beeinflussen lassen und somit ständig anders agieren, als in der Vergangenheit.

༄ Führe dir kurz eine Mahlzeit, ein Rezept, vor Augen: Inwiefern ändern sich Geschmack und Beschaffenheit, sobald eine Zutat ausgetauscht wird? Wenn alle Bestandteile deiner Ursprungssituation von einer Zutat verkörpert würden – wie sehr ähnelte jenes Gericht dem aktuellen? Bedenke, dass auch du dich (unter anderem durch jene Erfahrung) geändert hast. Würde eine außenstehende Person überhaupt Ähnlichkeiten zwischen damals und heute erkennen?
Selbst, wenn dir damals lediglich das Salz deiner Erfahrung fehlte – nun fügst du es hinzu und bekommst anstelle eines geschmacklosen ein schmackhaftes Gericht.
Vielleicht zweifelst du an meinen Worten, vielleicht wurden deine negativen Annahmen von mehreren Ereignissen bestätigt. Doch wir schaffen unsere Realität selbst. Begegnen wir anderen beispielsweise mit der Vorstellung, dass diese kein Interesse an uns haben und sich uns gegenüber nicht öffnen werden, bleiben wir auch selbst verschlossen und ablehnend. So traut sich unser Gegenüber selten, etwas anderes auszustrahlen oder anzustoßen, als wir, und bestätigt damit – lediglich aufgrund unserer Vorurteile, genau das, was wir befürchten.
Dein eigener Anteil hat so großen Einfluss auf all deine Begegnungen, dass du diese unmöglich objektiv betrachten kannst. Wer gar nicht erst versucht, sich verständlich zu machen, kann von anderen nicht leicht verstanden

werden. Wer anderen nicht vertraut, wird nie ausprobieren, ob man sich auf sie verlassen kann. Auch bin ich davon überzeugt, dass wir mit unseren Gedanken genau das anziehen, was uns beschäftigt. Konzentrierst du dich auf alles, was du eigentlich nicht willst, wirst du unterbewusst dennoch genau danach suchen und genau das finden.

Bleibst du dem Filter deiner Ängste und Voreingenommenheiten verhaftet, wirst du deren Bewahrheitung selbst herbeiführen. Es ist also sinnvoll, sich von jener Einstellung zu lösen und dein Leben möglichst unvoreingenommen zu konfrontieren.

Natürlich ist es verständlich, aus Erfahrungen eine Konsequenz für das eigene Verhalten zu ziehen – insbesondere, wenn sie negativer Natur sind und wir ein ähnliches Szenario in Zukunft vermeiden bzw. mental darauf vorbereitet sein wollen. Doch anstatt uns zu helfen, schränkt uns das Festhalten an vergangenen Erfahrungen oft ein. Insbesondere dann, wenn wir uns selbst daran hindern, die nötigen Gegenbeispiele zu erleben. Hätte mich mein Trauma dazu bewogen, Gruppensituationen grundsätzlich zu meiden, wäre es über die Jahre nicht lediglich ein negatives Ereignis unter zahlreichen schönen geworden, sondern mein einziges prägendes Erlebnis geblieben.

So ist es eine Sache, einen Regenschirm einzupacken und mitzunehmen – für den Fall, dass es regnet. Doch würdest du dies bei jedem Wetter tun, oder existieren Variablen, welche einen Wetterumschwung wahrscheinlicher machen? Hat dich dieselbe Person bereits mehrmals hintereinander auf die gleiche Art verletzt, würde ich dir dazu raten, bei eurer nächsten Begegnung eine leichte Regenjacke für dein Herz einzupacken. Doch jeder Mensch, den du triffst, jedes Vorstellungsgespräch, das du führst, ist anders, besteht beinahe ausschließlich aus neuen Variablen. Denn wie gesagt bist auch du verändert und um deine vorangegangene Erfahrung reicher geworden.

Bedenke, dass deine Angst mitsamt ihrem ganzen Rattenschwanz an Konsequenzen für deine Lebensführung eine größere Komplikation darstellt, als ein kleiner Regenschirm. Was dich belastet, einschränkt und zurückhält, ähnelt vielmehr einer großen Leiter, die du beständig mit dir herumschleppst – für die geringe Wahrscheinlichkeit, eine Leiter zu benötigen. Ist es das wert? Würdest du dir das so praktisch gesehen antun, oder es lieber darauf ankommen lassen, im unwahrscheinlichen Notfall keine Leiter dabei zu haben? Vielleicht hast du Angst, dir in diesem unwahrscheinlichen Fall vorwerfen zu müssen, „so dumm gewesen zu sein". Doch das Leben ist unvorhersehbar, niemand kann im Vorhinein alles wissen oder in andere Menschen hineinsehen. Wurdest du einmal vom Blitz getroffen, ist es wahrscheinlicher, dass du ein zweites Mal getroffen wirst? Wäre es unvernünftig, sich nicht auf einen zweiten Blitzeinschlag vorzubereiten? Und bestünde die richtige Vorbereitung wirklich darin, nie wieder bei Gewitter aus dem Haus zu gehen?

„Dumm" wird nur gewesen sein, dir dein Leben so erschwert und dich selbst um viele schöne Erfahrungen betrogen zu haben.

🖉 Schreibaufgabe

Führe dir eine oder mehrere Situationen vor Augen, in welchen dich die Erinnerung an vorangegangene Erfahrungen ängstigt oder einschränkt. Was genau befürchtest du? Was könnte wieder eintreten? Beschreibe, wie du dich bereits im Vorhinein, „sicherheitshalber" verhältst. Macht dein Verhalten das Eintreten unwahrscheinlicher? Gibt es einen Weg, der schöner ist, als der, den du normalerweise wählst und der trotzdem deine Erfahrung beinhaltet?

Schreibe: „Falls es erneut zur gleichen Verletzung kommt – und erst dann – werde ich..." Formuliere den Plan als Sicherheitsnetz für jenen unwahrscheinlichen Fall und frage dich in jeder Situation, ob der Zeitpunkt für seine Umsetzung gekommen ist, oder nicht. Ich bin mir sicher, dass sich nichts so wiederholen wird, wie du es befürchtest. Doch sollten ähnliche Umstände eintreten, bist du nun gewappnet und kannst bis dahin üben, offen und mutig zu sein.

DAS SELBST

Selbsterkenntnis
Wer du bist und wieso du außerhalb fremder Maßstäbe denken solltest

Die eigene Schönheit zu sehen, kann ein schwerer Prozess sein. Zum Einen bescheren uns Politik und Gesellschaft ein Weltbild, laut welchem man gewissen Ansprüchen gerecht werden und gewisse Leistungen erbringen muss, um einen Wert zugesprochen zu bekommen. Zum Anderen kennen wir uns oft selbst nicht genug, um unser wahres Selbst, unsere reine Persönlichkeit von dem unterscheiden zu können, was wir uns als Persönlichkeit aufgebaut haben. Diese hindert uns oft am Wachsen, da sie möglicherweise eben jenen gesellschaftlichen Standards – aber dafür nicht unserer Natur – entspricht, oder aber einfach nur regelmäßig von uns selbst und unserem Umfeld erneut bestätigt und provoziert wird.

🪱 Überlege dir kurz, welche Charakteristika du von Freunden und Familie als Beschreibung deiner Selbst häufig zu hören bekommst. Handelt es sich dabei um Verhaltensweisen? Um Emotionen? Um Qualitäten, die in einem Lebenslauf stehen können? Um Macken und Ticks? Um Eigenschaften, die dir bereits als Kind zugeschrieben wurden? Identifizierst du dich mit diesen Beschreibungen oder widersprichst du ihnen? Freuen oder verärgern sie dich? Warum?

Wir fällen unsere Urteile oft anhand der Maßstäbe unseres Umfeldes oder der Gesellschaft. Wer bestimmt je-

doch, was gut und richtig ist? Abgesehen von Moral und Ethik existieren viele Wertesysteme, deren Relevanz und Richtigkeit weder bestätigt noch widerlegt werden kann. Mach dir bewusst, dass jeder Mensch nur im Hier und Jetzt lebt.
Niemand kann wirklich wissen, was der Sinn des Lebens, was die „richtige" Lebensführung ist – wir alle raten nur. Warum behandeln wir manche Ansprüche so, als wären sie objektiv und berechtigt? Warum existieren Schönheitsideale, wo Geschmäcker doch verschieden sind? Warum bewerten wir Berufe, wo die Welt doch nicht nur aus Ärzten und Anwälten bestehen kann? Warum bilden wir uns ein, Intelligenz anhand von Schulfächern messen, Wert anhand von Geld bestimmen und ein Konstrukt wie „Normalität" schaffen zu können?
Doch selbst anhand jener Maßstabe bewertet, schneidet beinahe alles besser ab, als wir selbst. Ein schönes Haus mit einem kaputten Fenster bleibt für uns ein schönes Haus – lediglich mit einem kaputten Fenster. Ein schönes Kleidungsstück mit einer losen Naht wird dadurch nicht plötzlich zu einem hässlichen Kleidungsstück. Dennoch neigen wir dazu, einen Makel an uns zu betrachten und uns nur aufgrund dessen zu verurteilen, als wären wir kein Mensch mit dem Potential, an sich zu arbeiten, sondern ein schlechter Mensch.
Jeder Mensch ist einzigartig und genau darin besteht seine Schönheit, sein Wert, seine Leistung. Interessanterweise fällt es uns leichter, dies zum Beispiel bei Filmfiguren zu erkennen, als bei uns selbst. Wie oft verstehen wir das Handeln der Bösewichte, aufgrund ihrer tragischen

Vergangenheit? Wie oft nehmen wir Eigenschaften, die aus der Norm fallen, als positiv und bereichernd wahr?

Als Mensch bist du in erster Linie eines: wandelbar! Mit dieser Erkenntnis kannst du unter → <u>Selbstentwicklung</u> arbeiten. Nun geht es aber erst einmal darum, dich selbst (wohlwollend) zu erkennen.
Dafür solltest du lernen, dein „Selbst" von deinem „Ego" zu trennen. Letzteres ist alles, was wir auf dem ersten Blick zu unserer Persönlichkeit zählen, obwohl es in Wahrheit lediglich von uns selbst oder anderen antrainiert wurde. Es ist all das, was sich gekränkt und verletzt fühlt, ungenügend, oder überhaupt irgendwie festgelegt. Es enthält alle Errungenschaften, alle Abwehr- und Vermeidungsmechanismen, alles, was sich anhand eines Wertesystems messen lässt. Du darfst es verlieren, es behindert dich nur. Dein wahres Selbst ist alles, was dich wirklich ausmacht. Es kennt keine Beurteilung, weil es organisch und natürlich, einzigartig und komplex ist. Es beinhaltet dein gesamtes Potential und wird lediglich vom Ego gehemmt.

☞ Betrachte dein wahres Selbst genau. Es kann helfen, die Verbindung zu deinem physischen Körper zu ziehen. Welche Eigenschaft lässt dich klar sehen? Womit drückst du dich aus? Was trägt dich durchs Leben? Was hält dich aufrecht? Was lässt dich alles stemmen? Was lässt dich aufhorchen? Schwächen deines Körpers können dir zeigen, mit welcher nicht-physischen Eigenschaft du diese ausgleichst. Wie bist du beschaffen? Wenn deine mentalen und seelischen Eigenschaften deinen physischen Körper bilden würden, wie sähe er aus? Bist du weich und anschmiegsam? Zäh und flexibel? Stark und unbeugsam? Siehst du oft mehr oder weniger als gewünscht? Riechst Unrecht, Falschheit oder die Freiheit? Sagst du, was du denkst, oder lohnt sich für dich das Schweigen? Vielleicht fällt dir nun auf, dass du dich manchmal anders verhältst, als du es gerne würdest oder als es deiner Natur entspricht. Dabei handelt es sich nicht um deinen Körper, sondern möglicherweise um Kleidung, Schminke, Maulkorb, Brille – in manchen Situationen gar eine ganze Kostümierung. All jenes gehört zum Ego, oder zum Haus. Gib ihm wenn nötig einen Platz darin und konzentriere dich weiter auf alle Eigenschaften, die purer und unverfälschter Ausdruck deiner selbst sind.

Es ist hilfreich, genau zu analysieren, was eine wahre Eigenschaft und was deren Konsequenz ist.
Zum Beispiel:
Du redest gerne viel (Eigenschaft) und hörst anderen nicht zu (Konsequenz).
Oder du erträgst die Stille nicht (Eigenschaft) und redest deshalb viel (Konsequenz).
Oder bist du in Wahrheit nachdenklich (Eigenschaft) und erträgst daher die Stille nicht (Konsequenz)?
Du bist stabil und konstant (Eigenschaft) und steckst in einer Routine fest (Konsequenz).
Du bist neugierig und sprunghaft (Eigenschaft) und wechselst deinen Arbeitsplatz oder deine Partner häufig (Konsequenz).

Merke, dass alle Konsequenzen NICHT zu deinem wahren Selbst gehören. Deine Eigenschaften sind immer positiv oder sollten sich zumindest positiv formulieren lassen. Falls das nicht möglich ist, sind sie vermutlich ebenfalls nur eine Konsequenz von Eigenschaften, vergangenen Erfahrungen oder Verletzungen. Versuche, ihren Ursprung zu finden. Versuche außerdem, für deine Eigenschaften eine Konsequenz zu finden, die ebenfalls positiv klingt.

Begreife, dass dein wahres Selbst nichts negatives an sich hat. Alles, was schlecht wirken könnte, tut dies lediglich gemessen an einem Wertesystem oder Umfeld. Du bist nicht „zu schüchtern" - andere Menschen können vielleicht mit deiner Zurückhaltung nicht umgehen. Dies macht jedoch nicht deine Eigenschaft schlecht, sondern lediglich die Denkstrukturen der anderen. Du bist nicht „zu direkt" - vielleicht passt deine Aussage in den Augen Anderer nicht zur Situation. Jede deiner Eigenschaften ist für sich genommen etwas, das nicht bewertet werden kann. Dringst du bis zu ihrem Kern vor, wirst du sehen: Nur der Rahmen, in dem sie sich zeigt, kann aus ihr etwas Unangemessenes machen.

So erleichterst du dir dein Leben, indem du entweder versuchst, passende Menschen, Zeiten und Orte für deine Fähigkeiten zu finden – oder aber indem dir fremde Meinungen nichts bedeuten und dich Kritik somit nicht mehr tangiert. Schließlich bezieht sich diese nie auf dein wahres Selbst, sondern lediglich auf dein Ego oder auf das der Kritisierenden, vielleicht auch auf eine Momentaufnahme deiner Selbst oder auf etwas, an dem du arbeitest (s. → <u>Selbstentwicklung</u>).

🖉 Schreibaufgabe

Schreibe nun einen Text über dich selbst, als seist du eine Buch- oder Filmfigur. Lass Urteile so weit wie möglich außen vor und beschreibe stattdessen wertfrei, wer du bist und was dich ausmacht. Falls du keine Ahnung hast, wer du bist, macht dich eben genau dieser Punkt aus. Wenn es dir hilft, kannst du auch Fantasie-Elemente hinzufügen, um gewisse Aspekte besser zu beschreiben. Bist du vielleicht der einzige Mensch mit Flügeln? Rosafarbenen Augen? Einem Huf? Besteht eine Diskrepanz zwischen der Wahrnehmung anderer und deiner eigenen Perspektive auf ein Leben mit diesem Element? Sind Mitmenschen beispielsweise neidisch auf deine schönen Flügel, während du nicht auf dem Rücken schlafen kannst und es kein Flügelshampoo im Supermarkt gibt?

Mir persönlich fällt es schwer, mein vergangenes Ich mit meinem Selbst zu vereinbaren, da ich jahrelang von meiner Alkoholsucht geprägt dachte und handelte. Als Vergleich sage ich: „Es fühlt sich an, als wäre ich acht Jahre lang im Koma gewesen, während meine Doppelgängerin mein Leben auf eine Art führte, die ich so selbst (also mein „Selbst") weder umsetzen noch gutheißen würde. Leider denkt jedoch mein gesamtes Umfeld, es hätte sich dabei um mich gehandelt."

Lass deiner Fantasie freien Lauf, um deine wahre Persönlichkeit, deine Beweggründe und Konflikte, deine Eigenarten sowie die Diskrepanz zwischen Selbst- und Fremdwahrnehmung zu beschreiben. Das Ziel ist es, dich selbst so darzustellen, dass man versteht, wer du bist. Ich bin mir sicher, dass das wahre Selbst eines Menschen niemals negativ wahrgenommen werden kann.

Selbstwert
Wieso du Verantwortung übernehmen musst und das nicht heißt, dass du weniger wert bist

Wir Menschen neigen dazu, uns selbst und einander sowohl positiv als auch negativ über Handlungen zu definieren. Unsere Fehler und Errungenschaften scheinen unseren Wert anzuzeigen, wobei wir einzelne Punkte und Anlässe als Basis für ein allumfassendes Urteil nehmen, das durch ebenso einzelne Ereignisse wieder ins Wanken gerät. Häufig geschieht dies besonders in Richtung eines negativen Urteils. So arbeiten wir vielleicht an fünf Tagen der Woche fleißig und fühlen uns gut, widmen wir jedoch den sechsten Tag der Entspannung, obwohl weitere Arbeiten anstehen würden, bezeichnen wir uns als faul – ungeachtet der vorangegangenen fünf Tage. Egal ob positiv oder negativ: Unsere Handlungen sind punktuelle Ereignisse, stehen für sich und nichts anderes. Egal, was du tust oder getan hast: Du bist kein schlechter Mensch. Ein schlechter Mensch ist einer, der anderen Böses will. Ein Mensch, der Fehler begeht, ist einfach nur ein Mensch. Natürlich gibt es sicher trotzdem Punkte, an denen du arbeiten willst, denn es gibt immer Verbesserungsmöglichkeiten. Doch um dich die-

sen wirklich widmen zu können (→ Selbstentwicklung), musst du dich von deiner Vergangenheit lösen sowie von der Vorstellung, dass Handlungen deinen Wert definieren. Möglicherweise wird dir dies von gewissen Denkmustern erschwert.
Es kann auch sein, dass du deinen Wert bewusst oder unbewusst dort suchst, wo er in Wahrheit gar nicht liegt. Ich möchte dir nun ein Phänomen beschreiben, das ich durchlebt habe und welches einen typischen Mechanismus darstellt, der sich im Zusammenhang mit einer Störung des Selbstwertgefühls entwickelt. Kann sein, dass es dir schwer fällt, das Folgende anzunehmen. Doch wenn es auf dich zutrifft, ist die Akzeptanz dieser Wahrheit einer der wichtigsten Schritte auf deiner Reise zum Glück.
Um dir die Sache etwas zu erleichtern und auch, da ich nicht wissen kann, wie es dir geht, werde ich nur von mir sprechen.

📖 Ich war einmal ein Kind, das sich selbst lieben und sein Potential erkennen konnte. Dann stießen mir Dinge zu, die ich heute als Traumata bezeichnen würde. Diese Erlebnisse sowie mein Umfeld hemmten mich und mein Selbstwertgefühl wurde durch sie zerstört. Ich begann, mich nicht mehr als Mensch zu sehen, der handelt – sondern als einer, dem etwas zustößt. Selbst, wenn ich in den darauffolgenden Jahren sehr wohl handelte, mich bewusst und absichtlich in gewisse Situationen begab, lag dem doch immer das Gefühl zugrunde, keine andere Wahl zu haben, sondern lediglich meine Bestimmung zu erfüllen. So gab ich die Kontrolle über mein Leben aus der Hand, übergab sie an eine Vorstellung von Schicksal, die lediglich genau das war – eine Vorstellung.

Das meiste von dem, das mir zustieß, konnte ich mit niemandem teilen. Vielleicht aus Scham, vielleicht aus Angst, vielleicht, weil ich niemanden damit belasten wollte und manchmal auch, weil ich mir selbst nicht eingestehen konnte, dass mein Erlebnis wirklich schlimm war. Doch die Wunden, die ich davontrug, hatten dennoch Konsequenzen. Ich entwickelte ein Selbstbild, das mich als Opfer darstellte und fatalerweise begann ich, genau daraus meinen Wert zu ziehen. Meine Tagträume beschäftigten sich damit, wie ich aufgrund von Gewalt, die mir angetan wurde, aufgrund von schweren Schicksalsschlägen oder ernsten Krankheiten Aufmerksamkeit, Mitleid und Bewunderung bekam. All dies war fiktiv. Ich hätte Aufmerksamkeit ohne diese Gründe gebraucht, hätte Mitleid aufgrund meines Kummers verdient und Bewunderung angesichts meiner Fähigkeit, trotzdem durchzuhalten. Nur bekam ich all das nicht, weil es mein Umfeld vielleicht nicht hergab, sicher jedoch auch, weil ich meinen Kummer nicht zeigte und ihn als zu gering einschätzte, um Anlass für Mitleid und Bewunderung zu sein.

Abgesehen von dem problematischen Punkt, fremde Wertschätzung zu benötigen, um die eigenen Gefühle und Verhaltensweisen als relevant anzusehen und dies nicht selbst zu schaffen, begab ich mich in eine Abwärtsspirale. Um mich in meiner Opfer-Rolle zu halten, wurde ich darüber hinaus zur Täterin. Ich begann, mich selbst für alles mögliche zu hassen und mir immer wieder zu bestätigen, wie gerechtfertigt dieser Hass war, indem ich mich unmöglich verhielt. Normalerweise wissen wir Menschen sehr wohl, welche Entscheidung die richtige ist. Ich traf immer die falsche. Nicht, weil ich absichtlich das Falsche tun wollte, sondern weil ich glaubte, ich sei ein schlechter Mensch und mir das unbewusst auch beweisen musste. Weil ich überzeugt davon war, Schmerz und Leid zu verdienen, weil ich mich unbewusst selbst bestrafen wollte für das Schlechte, das ich ebenso unbewusst tat. Unbewusst, da ich keine Verantwortung für mein Handeln übernahm. Alles geschah aufgrund des Schicksals, aufgrund meiner Beschaffenheit, geschah wie aus Versehen und wenn mir weder die Schlechtigkeit meiner Person noch meine dramatische und fatale „Bestimmung" eine Rechtfertigung lieferten, dann doch all das Schlimme, das mir zugestoßen war. Ich hatte verlernt, Rücksicht auf mich selbst und andere zu nehmen, Verantwortung für mein Handeln zu tragen und meine Hilflosigkeit lediglich auf den Punkt zu beziehen, den sie betraf – meinen Kummer.

Ich machte mich selbst regelmäßig sowohl zum Opfer als auch zur Täterin. Mein gesamtes Welt- und Selbstbild war verkehrt. Ich hatte einen Platz für mich akzeptiert, als könne sich nichts daran je ändern, als würde ich ihn nicht selbst konsequent aufsuchen und bestätigen. Wie schaffte ich es, mich aus diesem Teufelskreis zu befreien, in welchem ich unter mir selbst litt und überzeugt davon war, nichts anderes verdient zu haben?

Ich musste akzeptieren, dass mein Leben lediglich in meiner Hand liegt. Meine Alkoholsucht war der unbewusste

Versucht, selbst den Tod wie etwas wirken zu lassen, das mir einfach so zustoßen würde – dabei war ich es, die ihn täglich mit Alkohol fütterte. Ich musste begreifen, dass weder mein Kummer noch meine Sehnsucht nach einem anderen Leben mein Problem darstellten. Mein Problem war die Tatsache, dass ich mir selbst im Weg stand, Angst vor meinem Potential hatte, auch Angst davor, Verantwortung zu übernehmen und Angst davor, meine Gefühle als das zu akzeptieren, was sie waren. Ich musste erkennen, dass ich alle Gründe, mich selbst zu hassen, in meinen eigenen Entscheidungen fand und sie weder auf meinem wahren Selbst noch auf dem, was außerhalb meiner Macht lag, basierten. Ich musste verstehen, dass ich mich selbst zum Positiven ändern kann und darf, dass ich Liebe und Glück verdiene, weil jeder Mensch sie verdient. Dass ich meine Sichtweise und meinen Weg sowohl beeinflussen kann als auch muss.

☙ Versuche nun, mit deiner Vergangenheit und Gegenwart Frieden zu schließen. Das bedeutet nicht, dass du dir selbst jeden Fehler verzeihen oder alles gut heißen musst, was du erlebt und getan hast. Es bedeutet lediglich, deine Vergangenheit als Wahrheit zu akzeptieren. Alles, was geschehen ist, ist geschehen. Du kannst es nicht mehr ändern. Es auch in deiner Gegenwart präsent zu halten, bewirkt lediglich, dass du in alten Mustern verbleibst. Wie auch beim Thema → <u>Beziehungskisten</u> solltest du alles Negative ausmisten. Deine Erfahrungen haben dich geformt und gelehrt – du musst nicht an ihnen festhalten, um ihre Wahrhaftigkeit und Relevanz zu beweisen. Auch musst du dich für nichts, das du in der Vergangenheit falsch gemacht hast, selbst bestrafen oder eine Bestrafung von Außen suchen. Deine Aufgabe besteht allein darin, Verantwortung für dein Handeln zu übernehmen und zu versuchen, es in Zukunft besser zu machen (s. → <u>Selbstentwicklung</u>).

Erst, wenn wir zu uns stehen können – ohne Entschuldigung, ohne Ausflüchte – kann uns nichts mehr verletzen. Erst, wenn wir aus unseren Teufelskreisen der Selbstbestrafung und negativen Selbstbestätigung ausbrechen, wenn wir uns von Ängsten und negativen Selbstbildern befreien, können wir weiter wachsen.
Auch wenn es auf den ersten Blick nicht so wirken mag: Verantwortung zu übernehmen, ehrlich zu dir selbst und anderen zu sein sowie die Vergangenheit ruhen zu lassen, wird dein Leben erleichtern und dich vorwärts bringen.

✏️ Schreibaufgabe
Schreibe einen Text über dich und deinen Rucksack. Im Rucksack befinden sich alle Fehler, die du begangen hast, jede Verletzung, die du erleiden musstest und alles Negative, das dir zugestoßen ist. Die Geschichte handelt davon, wie du deinen Rucksack leerst. Ein Erlebnis nach dem anderen nimmst du heraus und betrachtest es ehrlich, als das, was es ist. Du kannst alles so detailliert beschreiben, wie du möchtest und wie es dir gut tut. Dann fasst du die Lehre oder Erkenntnis, die dir jenes Erlebnis beschert hat, in einem Satz zusammen. Markiere diesen

Satz, indem du Farbe, Textmarker oder Fettdruck nutzt – was auch immer ihn vor dem Hintergrund des gesamten Textes hervortreten lässt.

Du brauchst das Erlebnis nun nicht mehr und wirfst es fort, oder zerstörst es. Die Lehren behältst du, den Rucksack leerst du. Schritt für Schritt wird es nun leichter, deinen Weg zu gehen. Deine Vergangenheit belastet dich nicht mehr, bremst dich nicht mehr, nichts kann dich mehr aufhalten. Am Ende der Geschichte bist du ein Mensch, der beschwingt und befreit, mit lediglich einer Menge Weisheit im Gepäck, seinen Weg geht. Wenn du auf den Text blickst, solltest du genau das sehen können: Bloß eine Menge Erkenntnisse.

Selbstentwicklung
Wieso du dich als Projekt betrachten solltest und wie du an dir arbeiten kannst

Es ist ganz normal, dass du nicht alles an dir magst. Jeder Mensch hat das Potential, immer weiter zu wachsen und sich zu verbessern – nicht in dem Sinne, einem gesellschaftlichen Ideal zu entsprechen (wie falsch das ist, erfährst du im Kapitel → Selbsterkenntnis) – sondern insofern, dass du dir und den Menschen in deinem Umfeld das Leben erleichterst und versüßt.

Hast du dich erst einmal von dem Druck befreit, deinen Fortschritt an fremden Maßstäben zu messen, kannst du dich darauf konzentrieren, an dir selbst zu arbeiten.

⌒ Begreife dich selbst als ein Projekt, dessen Erfolg nicht in jedem Moment vorhanden sein muss, um trotzdem eintreten zu können. Ein Projekt braucht Testreihen, Anpassungen, Ruhephasen und vielleicht weitere Unterstützung von außen. Jede kleine Schraube, an der du drehst, ist ein großer Fortschritt. Jede Studie, die du durchführst, ist relevant – unabhängig von ihrem Ergebnis.

Da wir in den Denkmustern unserer Leistungsgesellschaft gefangen sind, hilft es, mit genau diesen zu arbeiten. Du bist ein Projekt – ein fehlbarer, wandelbarer Mensch, weder besser noch schlechter als alle anderen. Niemand unter uns ist fehlerfrei und ausgereift. Diejenigen, die anders denken, hätten oft selbst am meisten Arbeit zu tun. Lass dir von niemandem einreden, welche Ziele zu erreichen solltest. Dein Ziel ist es, ein gesunder und glücklicher Mensch zu sein, der sein Potential voll ausschöpft und dadurch die Welt bereichert.

Jede Arbeit, die du an dir selbst vornimmst, beschäftigt sich mit einem wertvollen Rohstoff, der nicht geringer geschätzt werden darf, als sein Potential. Ähnlich eines Rohdiamanten, der zwar noch geschliffen werden muss, um seinen vollen Wert zu erreichen – der diesen jedoch bereits so offensichtlich in sich trägt, dass man selbst den unbearbeiteten Diamanten nicht wie einen Kiesel behandeln und wegwerfen würde. Wieso also behandelst du dich manchmal wie einen Kieselstein, obwohl du doch ein Diamant bist? Dies kann mehrere Gründe haben.

Die zwei wichtigsten sind wohl:

1. Du kannst deinen Wert selbst nicht erkennen.
2. Andere können deinen Wert nicht erkennen.

Oft treten beide Gründe zusammen auf, da sie auch voneinander abhängen. Was du anderen als Kieselstein verkaufst, werden diese wohl schwerer als Schmuckstein wahrnehmen. Was du für einen Diamanten hältst, wird dir vielleicht so lange als gewöhnlicher Stein beschrieben, dass du an deinem Urteil zweifelst.
Lerne nun, deinen eigenen Wert zu sehen und messe Menschen, die diesen trotzdem nicht erkennen, keine Bedeutung bei. Auch für dein persönliches Wachstum gibt es weder einen objektiven Maßstab noch einen objektiv richtigen Weg. Diamanten entstehen unter Druck, Hefeteig geht auf, wenn man ihn ruhen lässt. Eine außenstehende Person kann nicht beurteilen, welche Herangehensweise die richtige für dich ist. Niemand kennt deine ganze Geschichte und alles, was in dir vorgeht. Mach dich frei von den Erwartungen und Urteilen anderer – sie haben keinerlei Grundlage.

⌛👁 Überlege dir nun, was du selbst an dir ändern willst. Der Trick besteht darin, die Formulierung „Ich muss..." aus deinem Wortschatz zu streichen. Alles, was du „musst", weil du selbst die Notwendigkeit siehst, „willst" du. Alles, was du „musst" – einfach nur, weil es von dir erwartet wird – alles also, was du nicht guten Gewissens zu „wollen" umformulieren kannst, darfst du vergessen.

Beginne, „wollen" statt „müssen" als (gedankliche) Formulierung sowohl für Langzeitprojekte als auch für deine tägliche To Do Liste zu nutzen: „Ich will noch abspülen und die Wäsche bügeln" wird ebenso viel psychischen Druck aus deinem Leben nehmen wie „ich will mich bessern".
Finde nun also heraus, inwiefern du dich bessern willst und du wirst sehen, dass alles möglich ist.

Die Punkte, an denen du arbeiten willst, sind wohl jene, die dich zurückhalten. Die dich daran hindern, dein Potential zu nutzen, deine Entfaltung einschränken und dir dein Leben erschweren. Möglicherweise blockieren dich sowohl fremde als auch eigene Erwartungen. Oft fühlen wir uns verpflichtet, auf eine bestimmte Art zu handeln – und sei es nur aufgrund unserer eigenen Vorstellung. In diese Kategorie fällt das große, schwierige und wichtige Thema „Grenzen setzen". Denn oft passen wir diese nicht unseren eigenen Bedürfnissen, sondern vielmehr dem an, was wir oder andere von uns erwarten. Das macht unglücklich. Die Fähigkeit, meine eigenen Grenzen zu erkennen, zu respektieren und vor anderen zu vertreten bzw. durchzusetzen, hat mein Leben so sehr zum Besseren gewandelt, wie ich es mir nie hätte vorstellen können.

📖 Ich persönlich hatte gewissermaßen das Glück, durch meine Suchterkrankung eine Art Hilfestellung zu bekommen. Als ich clean wurde, war für mich das höchste Ziel, unter allen Umständen abstinent zu bleiben. Dieses Ziel war gefährdet durch sämtliche Situationen und Interaktionen, die meine Grenzen überschritten. So erkannte ich die Notwendigkeit, meine Grenzen überhaupt zu erkennen, sie zu akzeptieren und zu achten. Ich fand in meiner angestrebten Abstinenz zudem die Legitimation, mich jener Aufgabe ganz zu widmen.

Die Wahrheit ist jedoch, dass es keinerlei Erkrankung brauchen sollte, um zu dieser Erkenntnis zu gelangen. Du als Mensch hast das Recht, deine Grenzen zu ziehen und zu schützen. Wieso ist das Achten und Verteidigen von Länder- oder Grundstücksgrenzen fest in unser Leben integriert, das der eigenen jedoch nicht? Und das obwohl du ein fühlendes, verletzliches, lebendiges Wesen bist? Meiner Überzeugung nach entwickeln sich auch chronische Krankheiten als Schutzmechanismen der Seele gegenüber ständiger Grenzüberschreitungen.

Ich selbst litt jahrelang an Fibromyalgie, wobei mir die chronischen Schmerzen ermöglichten „legitimerweise" auf meine innere Stimme zu hören, die ich ohne jene physischen Auswirkungen weiterhin ignoriert hätte. Beispielsweise konnte ich mich Gesprächsrunden, die mich psychisch belasteten, erst entziehen, sobald das Sitzen mich zu sehr schmerzte. Heutzutage spüre ich meine chronischen Schmerzen fast lediglich bei großer, physischer Belastung oder bei Wetterumschwung, da ich rechtzeitig auf meine mentalen Bedürfnisse höre, um jener Konsequenz zu entgehen.

Chronische Schmerzen und ähnliche Erkrankungen scheinen eine logische Reaktion auf das gesellschaftliche Phänomen zu sein, physischen Bedürfnissen und Krankheiten so viel mehr Gewicht zu geben als psychischen.

⌛👁 Um zu wachsen und glücklich zu werden, solltest du auf deine innere Stimme hören. Und damit meine ich nicht deinen inneren „Sprecher" äußerer Ansprüche und Gepflogenheiten – sondern den unverfälschten Ausdruck deiner wahren Bedürfnisse. Ich meine den Teil von dir, der spürt, was für DICH wahr und richtig ist – unabhängig von sämtlichen fremden Vorstellungen.
Lerne, dir das Recht heraus zu nehmen, glücklich zu sein. Ein glücklicher Mensch bereichert sein Umfeld. Denn er ist nicht damit beschäftigt, sich selbst zu quälen. Er muss den Schaden, den er an sich selbst anrichtet nicht durch etwas anderes kompensieren. Kompensationsmechanismen beinhalten oft Eigenschaften, die sich negativ auf unser Umfeld auswirken. Ein glücklicher Mensch ist nicht egoistisch! Er wird automatisch geduldig und rücksichtsvoll sein. Ein Mensch, der leidet, hat keine Kapazitäten, sich um andere zu kümmern. Wenn es dein Ziel ist, die Welt zu bereichern und für andere da zu sein, ist Leiden der falsche Weg. Du hast das Recht und nahezu die Pflicht, dich auf dich selbst zu konzentrieren, deine Bedürfnisse zu achten und alles dafür zu tun, zu heilen und glücklich zu werden. Du wirst sehen, wie viel Kraft und Kapazität dir plötzlich – auch für andere – zur Verfügung steht, sobald du auf dich selbst achtest.

Deine Vergangenheit, fremde Maßstäbe und Erwartungen zurück zu lassen, ist der erste Schritt. Der zweite besteht darin, deine Grenzen sowie dein Potential kennen

zu lernen und die Angst davor zu verlieren, beides zu akzeptieren und umzusetzen. Der dritte Schritt besteht darin, aktiv an dir zu arbeiten. Führe dir dafür dein konkretes Ziel vor Augen und behalte im Hinterkopf, dass der Fortschritt nicht zu jeder Zeit sichtbar sein muss, um vorhanden zu sein. Bemühe dich um einen konstruktiven Umgang mit deinen Gefühlen (→ Wetter) sowie um Geduld und Nachsicht mit dir selbst.
Nimm dir ein Ziel nach dem anderen vor und bewege dich Schritt für Schritt in seine Richtung.

📖 Ich wollte beispielsweise eine bessere Zuhörerin werden und musste mich zunächst im Rahmen von Gesprächen jederzeit daran erinnern. „Ich will zuhören", sagte ich mir, „Ich stelle jetzt Fragen und höre zu!" Genau das tat ich. Erst bewusst, bemüht, voller Konzentration, doch bald ging es mir in Fleisch und Blut über. Es wurde zur Gewohnheit und nun bin ich eine bessere Zuhörerin, ohne mich aktiv darauf konzentrieren zu müssen. Wenn ich jedoch mal das Bedürfnis habe, viel zu reden, oder nur unkonzentriert zuhören kann, macht das meinen Fortschritt nicht zunichte. Es handelt sich lediglich um einen Moment, in welchem ich, die inzwischen gute Zuhörerin, großen Redebedarf habe.

⌛👁 Nimm dir so Stück für Stück alles vor, das du an dir ändern willst und konzentriere dich dabei auf dein Ziel – anstatt auf das, was dich stört. Definiere für dich, was du „willst" und streiche neben „muss" auch negative Formulierungen („ich bin...[etwas schlechtes]", „ich bin nicht...",

„ich kann nicht...") aus deinem Wortschatz. Diese Autosuggestion hält dich sonst zurück. Gelingt es dir manchmal nicht, das umzusetzen, was du willst, sagst du beispielsweise zu dir: „Heute habe ich viel geredet. Aber ich will eine gute Zuhörerin sein und werde das auch schaffen."

Wiederhole nun nach mir: „Ich bin ein Mensch und mache Fehler. Das ist normal. Ich kann es ändern. Ich habe unbegrenztes Potential. Ich darf mich ganz entfalten. Ich verdiene Liebe. Ich verdiene es, glücklich zu sein. Ich werde Liebe und Glück finden. Es wird mir Tag für Tag leichter fallen, mich selbst zu lieben. Statt mich selbst zu bestrafen oder zu beurteilen, werde ich mich dabei unterstützen, zu wachsen. Liebevoll, nachsichtig und geduldig. Alles wird gut. Alles ist gut."

✐ Schreibaufgabe

Ein Zauberspruch katapultiert dich in eine Zukunft, in welcher du bereits der Mensch geworden bist, der du sein willst. Beschreibe detailliert, wie dein Umgang mit anderen Menschen, mit deinen Gefühlen, deinen täglichen Herausforderungen und deinen Zielen aussieht. Beschreibe, wo deine Grenzen liegen und wie du sie achtest – vor allem, welche Kapazitäten dadurch frei werden, wie viel Kraft und Motivation du besitzt. Beschreibe, was dir die Lebensfreude und Erfüllung gibt, die du immer haben wolltest und schreibe den ganzen Text so, als sei dies deine Gegenwart.
Lies ihn dir so oft wie möglich durch, bearbeite ihn so oft

du möchtest und mach dir bewusst: Du kannst alles schaffen, sofern du es willst. Du wirst diesen Text zur Wirklichkeit machen.

Selbstfürsorge
Einen liebevollen Umgang mit dir selbst erlernen

Auch, wenn es dir noch nicht gelingt oder leicht fällt, dich selbst zu lieben, kannst und musst du Selbstfürsorge üben. Schließlich bist du der Mensch, der dich am besten kennt, und der als einziger für die gesamte Zeit deines Lebens bei dir ist. Aus unerfindlichen Gründen fällt es uns oft leichter, für andere Menschen da zu sein, als für uns selbst. Fremde Fehler verzeihen wir, sind geduldig und nachsichtig mit anderen, aber nicht mit uns selbst. Ein hilfreicher Trick beim Erlernen von Selbstfürsorge ist daher, sich selbst zu behandeln, wie eine andere, geliebte Person. Sicher kannst du dir in Erinnerung rufen oder vorstellen, wie du mit deinem Kind, mit Freund:innen oder mit Lebensgefährt:innen umgehen würdest. Genau so behandelst du von nun an dich selbst. Würdest du dein Kind ohne Jacke oder ohne etwas gegessen zu haben aus dem Haus gehen lassen? Ihm erlauben, so lange aufzubleiben, dass es am nächsten Tag komplett übermüdet ist? Würdest du wollen, dass es sich mit toxischen Menschen abgibt? Würdest du deinem Freund bei einer persönlichen Niederlage eine Standpauke darüber halten, dass alles seine Schuld ist? Oder versuchen, ihn zu trösten? Würdest du deiner Freundin nach einem an-

strengenden Tag voller Erledigungen verbieten, sich zu entspannen, weil sie noch so viel mehr schaffen könnte? Oder sie darin bestärken, sich auszuruhen?
Vielleicht merkst du bereits, dass zwischen deinem Umgang mit dir selbst und geliebten Menschen ein Unterschied besteht.

⌛👁 Suche ein Baby- oder Kinderfoto von dir selbst heraus und platziere es an einem Ort, an welchem du häufig negativ mit dir selbst „sprichst", im Sinne von einem inneren Urteil, das du über dich fällst. Dies kann dein Arbeitsplatz, dein Spiegel, dein Kleiderschrank, oder ein ganz anderer Ort sein. Jedes Mal, wenn du dich dabei ertappst, negative Worte und Gedanken an dich selbst zu richten, betrachtest du nun das Foto. Könntest du dieselben Worte auch an dieses Kind richten? Sicherlich nicht. Was würdest du ihm stattdessen sagen?

✐ Versuche, dir ein paar Situationen vor Augen zu führen, in denen du dich selbst schlecht behandelt hast – vielleicht mit dem Gedanken, diese Behandlung zu verdienen. Wie hätte ein liebendes Elternteil, ein bester Freund oder eine beste Freundin reagiert? Versuche, dich in Zukunft so häufig wie möglich in diese andere Perspektive hinein zu versetzen, um einen gesünderen und liebevollen Umgang mit dir selbst zu lernen. Dies hilft auch in der anderen Richtung. Sich selbst etwas vorzumachen, ist mit dieser Übung schwierig.

📖 So habe ich selten Lust, notwendige Arbeiten oder

Erledigungen zu machen – doch wäre ich meine eigene Mutter, würde ich darauf bestehen. Auf diese Weise gelingt es mir, mich selbst anzutreiben, wenn ich einfach nur faul bin – und mir Pausen zuzugestehen, wenn ich welche brauche. Auch wünschen wir uns oft Bestätigung sowie Wertschätzung von außen, ohne uns diese je selbst zu geben. Scheu dich nicht, dich selbst zu loben, dir Komplimente zu machen, liebevoll gute Nacht oder viel Erfolg zu wünschen. Vielleicht magst du dir sogar einen Kosenamen für dich selbst geben – wie es in Beziehungen üblich ist. All das wirkt möglicherweise verrückt auf dich, doch tut es unendlich viel für deine Selbstliebe! Wenn es dir leichter fällt, kannst du dir immer das Bild von dir selbst als Baby oder Kind vor Augen führen. Richte deine Liebe auf dieses Kind, das immer noch in dir steckt und sie sicher benötigt. Welcher Weg auch immer dir am leichtesten fällt, um dich selbst wohlwollend und geduldig zu betrachten, ist der richtige Weg! Auch durch die Arbeit an dir selbst – indem du der Mensch wirst, der du gerne wärst – wird es dir immer leichter fallen, dich selbst zu lieben und herzlich mit dir umzugehen. Mehr dazu erfährst du im Kapitel → Selbstentwicklung.

🖉 Schreibaufgabe

Rufe dir eine aktuelle oder vergangene Situation, eine Routine oder ein Thema ins Gedächtnis, bei welcher du zu wenig Selbstfürsorge betreibst. Nimm die Perspektive einer (imaginären) dich liebenden Person ein, die dein Leben und deine Beweggründe so gut kennt, wie du selbst. Schreibe einen um dein Wohl besorgten Brief über dich selbst. Du kannst ihn entweder an dich, oder an eine dritte Person adressieren. Wichtig ist, dass er die Diskrepanz zwischen deinem Verhalten und dem, was sich der/die Verfasser:in für dich wünscht, deutlich wird – ebenso wie die Liebe als Grund für jene (Für-)Sorge.

Tipps, Tricks, Grundsätzliches und kleine Übungen

Um weiter zu wachsen, musst du nicht kontinuierlich ganze Lektionen verinnerlichen. Kleine Entscheidungen und Angewohnheiten können dein Leben fast unbemerkt drastisch verändern. Ich gebe dir hier ein paar Anregungen und bin mir sicher, dass du auf deiner Reise eigene, passende Tricks entwickeln wirst.

Entscheiden:

<u>Ein bisschen ist besser als nichts:</u>

Zum Beispiel nur fünf Minuten Sport machen, nur zehn Minuten spazieren gehen, nur das Bett neu beziehen anstatt die ganze Wohnung zu putzen, duschen ohne die Beine zu rasieren, sich bei einer einzigen Person melden, einen einzelnen Punkt der To-Do-Liste schaffen,...und du wirst dich besser fühlen, als vorher!
Oft hält uns das Gefühl „wenn dann viel zu viel" schaffen zu müssen davon ab, überhaupt mit irgendetwas anzufangen. Doch auch viel zu viel wird weniger, wenn du jeden Tag ein kleines bisschen erledigst.

<u>Das, was du nicht tun willst, ist das, was du eigentlich tun musst:</u>

Wenn ich beispielsweise am wenigsten Lust auf einen Spaziergang habe, brauche ich ihn am dringendsten. Als

ich alles aufgeben wollte, aber keinesfalls den Alkohol bzw. das Cannabis, wusste ich, dass ich clean werden muss.
Um den Teufelskreis aus Antriebslosigkeit, Schuldgefühl und Depression zu durchbrechen, müssen wir uns dort fordern, wo wir verschont bleiben wollen.
Teilweise wissen wir es instinktiv, teilweise können wir durch Beobachtung lernen, was gut für uns ist und uns in dieser Richtung antreiben.

Schlechte Gewohnheiten ablegen:

Wir können zwar damit durchkommen, finden immer eine Entschuldigung, Ausrede oder einen scheinbar guten Grund, uns schädlichen Angewohnheiten und Süchten hinzugeben, doch das bringt uns nicht weiter.
Der Trick besteht darin, sich gegen etwas zu entscheiden, OBWOHL man es tun könnte!

Neues ausprobieren:

Wenn sich die Gelegenheit bietet, aus unserer Komfortzone zu treten oder etwas Ungewohntes zu probieren, sollten wir das tun. Damit meine ich nicht, dass du deine Grenzen ignorieren und überschreiten musst. Sicher existiert ein großer Spielraum zwischen dem, was du nicht aushältst und dem, was du dir zutraust.
Durch das Ausreizen dieses Spielraums gewinnst du jedoch IMMER etwas und sei es „nur" Erkenntnis!

Lernen/Üben:

Bedürfnisse kommunizieren:

Jedes Baby, jedes Kind, jedes Tier tut es. Ein Land schützt seine Grenzen, Geräte überhitzen, Pflanzen gehen ein, Türen quietschen in den Angeln – ich könnte diese Liste unendlich lange fortführen. Wieso solltest du, sollten erwachsene Menschen die einzigen Existenzen auf diesem Planeten darstellen, die ihre Bedürfnisse nicht einfach erfüllen oder zumindest kommunizieren?
Du hast das Recht dazu und du solltest es nutzen!

Nicht bereuen:

Man kann nichts rückgängig machen, daher hilft dir das Bereuen nicht. Zieh deine Lehren aus dem Geschehenen und wende sie bei nächster Gelegenheit an. Bereuen kann im schlimmsten Fall das Gefühl bewirken, die „Schuld" schon beglichen zu haben und dazu führen, dass du nichts änderst.

Sehe dich als eine Pflanze:

Setz dich nicht unter Druck – davon wächst nichts. Konzentriere dich darauf, die bestmöglichen Bedingungen für dein Wachstum zu schaffen, gib dir Licht, Luft, Raum und Zeit! Greife auf Hilfestellungen zu, wenn du sie brauchst – wie eine Kletterpflanze. Sei dir bewusst, dass auch Rückschritte und vermeintlicher Stillstand zum

Wachstum gehören!
Der Baum verliert seine Blätter, aber wächst trotzdem weiter. Die Zwiebel liegt in der Erde, aber treibt im Frühling wieder aus!

<u>Immer wieder beobachten:</u>

Wieso bin ich so und so?
Wieso fühle ich so und so?
Wieso fühle ich mich angegriffen? Wie ein Versager, eine Enttäuschung,...?
Was sind meine Trigger (Auslöser negativer Gefühle) und was ist die Situation?
Wie kann ich üben, zwischen ihnen zu differenzieren?
Was hilft mir?
Wo sind meine Grenzen?
Wie beeinflussen mich bestimmte Umstände?
Wo liegen meine (neuen) Interessen? Wie kann ich sie verfolgen?

Fazit
Was es heißt, mit dem Schmerz zu leben

Zwei Punkte waren mir beim Verfassen dieses Buchs besonders wichtig: Die Natürlichkeit des Menschen und die Akzeptanz des Schmerzes. Beides ist, wie häufig beschrieben, untrennbar miteinander verknüpft und fehlt mir am meisten an unserem gesellschaftlichen Leben.
So wurden zwar im Laufe der letzten Jahre zahlreiche Stimmen laut(er), die zurecht mehr Rücksichtnahme auf ihre Bedürfnisse verlangen – sie beziehen sich jedoch zumeist auf eine bestimmte Gruppe von Menschen und sorgen somit dafür, dass wir die Individualität eines jeden einzelnen Wesens erneut vergessen.
In diesem Buch ging es um dein Haus, deinen Garten, dein Selbst – um dein ganz persönliches Leben. Du hast die Aufgabe, deine Bedürfnisse zu erkennen und das Recht, diesen entsprechend zu handeln. Es spielt keine Rolle, was dir in Bezug auf alle erwachsenen Menschen oder auf manche Gruppen als gut, richtig und wahr verkauft wird. Jeder Mensch ist einzigartig und hat das Potential, sich selbst am besten zu kennen, somit auch am besten zu behandeln. Bereits da hapert es meistens, bereits da sollten wir ansetzen und dieses Potential nutzen, um auch andere besser verstehen zu lernen.

Wir leben in einer Welt, in welcher wir stundenlang die speziellen Bedürfnisse einer bestimmten Tierrasse recherchieren und kleine Schildchen in Pflanzentöpfen studieren, um zu erfahren, wie viel Sonne, Wasser und Dünger die Gewächse brauchen.

Ich wünschte, wir würden unseren eigenen Schildchen ebenso große Bedeutung beimessen und uns auf die Suche nach diesen begeben. Ich wünschte, wir würden unseren Mitmenschen mehr wie einem unbekannten Tier begegnen, dem wir einen angenehmen Lebensraum schaffen wollen. Der Mut, die eigenen Bedürfnisse auch anderen gegenüber ehrlich zu kommunizieren, hat das Potential, die Welt zu verändern.

Die fatalste Annahme, mit der wir unsere Schublade „erwachsener Mensch" versehen, ist die der „Funktionstüchtigkeit" in einem unnatürlichen Sinne. Wir haben aus den Augen verloren, dass wir natürliche Lebewesen sind und der natürliche Lauf der Dinge ein Auf und ein Ab beinhaltet. Wir scheuen uns, im Einklang mit unserer Beschaffenheit zu leben, weil wir dann vielleicht wie Hauskatzen wären, deren Kratzen unerwünscht ist – nur weil alle Welt vergessen zu haben scheint, dass Katzen domestizierte Raubtiere sind. Solange du niemandem bewusst schadest, hast du das Recht, ein Raubtier zu sein. Oder eine Kletterpflanze, die Unterstützung braucht. Vor allem hast du das Recht, auch allen als „negativ" bezeichneten Aspekten Raum und Anerkennung zu geben.

Oft hören wir in Bezug auf Schicksalsschläge, Traumata, Krankheit oder ähnliches die Formulierung „ich habe gelernt, damit zu leben". Diese Aussage ist wundervoll und kann als Leitlinie für alles Negative in unserem Leben gesehen werden. „Damit" bedeutet, dass es weder verdrängt noch geleugnet wird. Es gehört dazu, es wird anerkannt und „mitgenommen", wird integriert. Die Betonung jener Aussage liegt jedoch – ganz wörtlich – immer auf „leben". So dürfen wir uns trotzdem nicht auf das Negative konzentrieren, unsere Aufmerksamkeit lediglich darauf richten und krampfhaft daran festhalten – es gar zu unserem wichtigsten Persönlichkeitsmerkmal oder Lebensinhalt machen. Es geht darum, zu leben.

Lebendigkeit ist der Schlüssel zu einer erfüllten Lebensführung und bildet den Weg zur Selbstliebe. Lebendigkeit bedeutet, vorübergehende Zustände und Unveränderliches anzunehmen, Altes, Belastendes und Überflüssiges loszulassen. Es bedeutet, sich selbst sowohl zu akzeptieren als auch zu ändern, immer wieder über sich selbst hinaus zu wachsen und sich dadurch die eigene Wandelbarkeit zu beweisen. Damit dies gelingt, müssen wir Grenzen ziehen und Hürden nehmen. Müssen verzeihen und wagen, das Wachstum sowohl im Ausdruck unserer Selbst, im Entfalten unserer Baumkrone, suchen als auch im Verstehen und Festigen unserer Wurzeln, im Unscheinbaren und nur für uns selbst Nachvollziehbaren. Wir können immer vorwärts gehen und es spielt keine Rolle, in welcher Geschwindigkeit wir dies tun. Jeder Tag bietet uns die Möglichkeit, Unbekanntes auszuprobieren, andere Entscheidungen zu treffen, uns selbst und die Welt ganz neu zu entdecken.

Legst du den Fokus auf deine Lebendigkeit, auf deine

persönliche Entwicklung und öffnest du deine Augen für das natürliche Wachstum um dich herum, kannst du deinen eigenen Weg und deine eigene Wahrheit finden. Ängste, Ablenkungen, die Vorstellungen anderer und die Anforderungen unserer Gesellschaft hindern uns häufig daran, auf unsere innere Stimme zu hören.
Ich möchte dich hiermit ermutigen, dies dennoch mit aller Kraft zu versuchen. Horche in dich hinein und suche ein Wissen, das weder Beweise hat noch braucht.
Achte auf den Moment, in welchem du Gänsehaut bekommst. Auf das, was du verdrängen willst – weil es zu deutlich ist, um nicht darauf zu hören. Dann nimm es an und folge ihm.

Ich stehe mit meiner ganzen Geschichte dafür, dass Entscheidungen, die im Einklang mit der eigenen inneren Wahrheit getroffen werden, zum persönlichen Glück führen. Ich habe immer noch Geldsorgen, traurige Momente, schwere Tage, Zweifel und schlechte Erinnerungen.
Doch unabhängig von vermeintlich objektivem Funktionieren oder messbaren Errungenschaften habe ich etwas erreicht, von dem ich noch vor ein paar Jahren nie zu träumen gewagt hätte:
Ich bin über mich selbst, über meine Ängste und Abhängigkeiten hinausgewachsen.
Ich bin so zufrieden, dass ich mich dem Alltag und seinen Anforderungen täglich aufs Neue stellen will. Dass ich das Leben auch in meinen dunkelsten Momenten als ein Geschenk voller Möglichkeiten und Potential erkenne und guten Gewissens sagen kann: „Ich bin glücklich".

Ich bin überzeugt davon, dass auch du dorthin kommen kannst, wenn du im Einklang mit deiner Natur lebst und beschließt, auf diese Weise immer weiter zu wachsen.

Danksagung

Obwohl ich so viel daran setze, mit Worten meinen Lebensunterhalt zu verdienen, bin ich doch nicht in der Lage, meine Dankbarkeit in Form von Worten auszudrücken. Zu groß ist das Geschenk, das ich mein Leben nenne. Es rinnt mir in dunklen Momenten aus den Augen, brennt im Sommer meine Nase rot, drängt sich mit jedem Lachen in den Vordergrund und führt jeden meiner Schritte. Zwischendrin vergesse ich manchmal, wie dankbar ich tatsächlich bin und bekomme es auf diese Weise hin, ein normales Leben zu führen. Zu gerührt wäre ich sonst vermutlich, zu erstaunt und ehrfürchtig.

Ich wäre nichts ohne meine Familie, meinen Mann, meine Freundinnen und Freunde – jedoch auch niemals der Mensch, der ich bin, ohne all die Erfahrungen, die mich an diesen Punkt gebracht haben.
Ich wäre nichts ohne Gott, der mir ein Leben geschenkt hat und gefühlt noch weitere Leben, immer neue Chancen zu Lernen, zu Wachsen und zu Heilen.

Mein großer Wunsch ist es, mit diesem Buch für dich ein kleines Licht, ein winziges Geländer zu sein, das dir deine Reise ein wenig erleichtert, das dir Mut und Hoffnung gibt.
Mein größter Wunsch ist es, dass die Welt von Menschen, die sich trauen, Mensch zu sein, zum natürlichen Wachsen gebracht wird. Dass wir alle Glück finden, Lebendigkeit und bitte, bitte Frieden.

www.elisabethschwachulla.de

Milton Keynes UK
Ingram Content Group UK Ltd.
UKHW040115021124
450424UK00005BC/745